SCORPIO
We Change the World

Janice Jakait

FREUT EUCH NICHT ZU SPÄT

Warum das zweite Leben beginnt,
wenn man begreift,
dass man nur eines hat

Vollständige Taschenbuchausgabe 2022
© 2016 der Originalausgabe Europa Verlag,
ein Imprint der Europa Verlage GmbH, München
Logoentwurf: Hauptmann und Kompanie, Zürich
Umschlaggestaltung: Danai Afrati, München,
unter Verwendung eines Fotos von © Janice Jakait
Gestaltung der Karte auf Seite 238-239:
Markus Weber, Guter Punkt, München
Satz: Margarita Maiseyeva, Donaueschingen
Druck & Bindung: Pustet, Regensburg
ISBN 978-3-95803-444-0

www.scorpio-verlag.de

Für
Sophia,
Helena & Emina

INHALT

EINLEITUNG
Willkommen im Augenblick!

*»Habe den Mut, dich deiner eigenen Freiheit
zu bedienen.«*

WIR LEBEN GERN am schnellen Puls der Zeit, spüren dabei aber oft kaum noch unseren eigenen Pulsschlag. Wir können heute fast alles erreichen, doch was genügt und erfüllt uns noch wirklich? Auch ich kam überall hin im Leben – hatte so viele Möglichkeiten und Chancen! –, doch ich kam nirgends richtig an. Ich fand einfach keine dauerhafte Zufriedenheit – und auch keinen rechten Lebenssinn.

Ich steckte in einem Hamsterrad fest. Ständig hingen mir neue Ziele und Hoffnungen wie Karotten vor der Nase, und ich hoffte, das Hamsterrad würde zum Karussell werden, wenn ich nur noch mehr Schwung holen und noch schneller laufen würde. Im Versuch, ständig alle Umstände und mich selbst zu verändern, brannte ich jedoch regelmäßig aus. Ich fand keine Stabilität, keine

Harmonie oder Balance, mein Leben war ein ständiges Auf und Ab. Ich hing wie an einem Gummiband, nach jedem Schritt vorwärts zog es mich zwei zurück. Die einzige Konstante im Leben war die Sehnsucht nach Veränderung – die Hoffnung darauf, in der Zukunft endlich in der Gegenwart ankommen zu können und dann zufrieden zu sein mit dem, was ich habe, und dem, was ich bin. Ein Widerspruch, der mich zerriss.

Wo es einfach nicht gelang, »anzukommen«, wollte ich vor mir selbst und vor meiner Verzweiflung davonlaufen, flüchtete um die halbe Welt, ruderte über einen Ozean, hoffte, in der Ferne Frieden zu finden, doch ich begriff zunehmend, dass jede weitere Bemühung darum mich nur in weiteren Unfrieden stürzte. Das Problem waren meine alten Überzeugungen, und die hatte ich immer im Gepäck.

Erst in der totalen Erschöpfung und Hoffnungslosigkeit offenbarte sich mir ein wirklich anderer Weg – ein Weg in ein anderes, ein zweites Leben mit neuen Überzeugungen. Ein Weg zurück zu mir selbst – heraus aus dem Kopf und zurück in die Wirklichkeit des Seins.

Ich hatte mich zu lange von anderen Menschen davon überzeugen lassen, wer ich sein sollte und was ich zu tun hatte, um Erfüllung zu finden. Ich lebte das Leben der anderen, die jedoch auch nicht ihr eigenes Leben lebten. Dabei hatte ich nur mein eigenes Leben. Und was für eines! Das zweite Leben beginnt, wenn man begreift, dass man nur eines hat. Wenn man den Mut findet, sich seiner eigenen Freiheit zu bedienen, und es wagt, dieses Leben endlich auch zu leben!

Inzwischen bin ich seit mehr als vier Jahren unterwegs auf diesem zweiten Lebensweg zurück zu mir – auf dieser Reise vom Kopf zurück ins Herz. Und ich gehe den Weg zusammen mit wundervollen Menschen. Ich bin davon überzeugt, dass dieser Weg uns nicht an ein Ziel führen wird, sondern dass er selbst das Ziel ist. Es ist der bewusste Weg in die unermessliche Tiefe der Schöpfung, zurück in die Wirklichkeit, die erlebt und erfahren werden will. Grenzen sewtzen uns nur unsere beschränkten Vorstellungen.

Das zweite Leben ist ein Leben der Selbstermächtigung, in dem man die Verantwortung für das eigene Denken und Handeln wieder übernimmt und zu seinen wahren Bedürfnissen und den Bedürfnissen anderer Menschen zurückfindet. Man erkennt, dass Zufriedenheit und Erfüllung eine Frage der Einstellung und nicht der Umstände ist.

Der erste Schritt auf dem Weg ins zweite Leben ist die Ehrlichkeit zu sich selbst. In den folgenden Kapiteln möchte ich daher auch immer wieder ehrlich und ungefiltert von meinem Lebensweg berichten, möchte authentisch bleiben und nicht um jeden Preis gefallen. Und da dieses Buch ohnehin kein Gesetzbuch oder Ratgeber werden soll, erhebe ich auch nicht den Anspruch, immer und mit allem recht zu haben und überall zu absoluter Klarheit gelangt zu sein. Ich bin davon überzeugt, dass es im Leben nicht nur um absolute Wahrheiten geht, sondern auch um Fantasie und vielfältige Meinungen, die inspirieren und andere Perspektiven eröffnen.

Mein größtes Abenteuer war es, wieder hier im Leben und im Miteinander anzukommen, nicht mehr weglaufen und kämpfen zu müssen, und davon handelt dieses Buch. Weglaufen ist einfacher als leben – kämpfen ist einfacher, als sich hinzugeben! Wir leben im Alltag oft, als wäre unsere Zeit auf diesem Planeten bloß eine Fingerübung, das Vorspiel, und das eigentliche, richtige Leben käme irgendwann später. So viele Möglichkeiten stehen uns offen, so vieles will erreicht werden, doch für Geduld und Hingabe bleibt nur noch selten Zeit. Unsere Gedanken kreisen so oft nur um die Vergangenheit und Zukunft, dass wir dabei völlig das Wunder und Privileg aus dem Auge verlieren, dass wir jetzt hier sind! Wir sind überall, aber nur noch selten dort, wo das Leben tatsächlich stattfindet: im Augenblick und in der Wirklichkeit.

Dieses Buch möchte ermutigen, wieder mehr zu vertrauen, sich hinzugeben, loszulassen, um das Ankommen in der Gegenwart selbst erfahren zu können – hier und jetzt, auch einmal ohne Ziele und Erwartungen. Ich werde von meiner Reise zu neuen Einsichten berichten und von den »Sehenswürdigkeiten« und Ausflugszielen auf meinem Lebensweg erzählen – und mich hin und wieder im Meer meiner Gedanken treiben lassen.

Nur eines ist wirklich ganz sicher im Leben, nämlich, dass du gerade diesen Satz liest. Willkommen im Augenblick, willkommen in der Wirklichkeit! Wenn du Lust darauf hast, können wir einige Kapitel lang gemeinsam von Augenblick zu Augenblick reisen. Ich würde mich freuen!

Janice

ERSTES KAPITEL

Der Aufbruch ins zweite Leben

»Alles braucht seine Zeit, auch das Begreifen,
dass es irgendwann zu spät ist.«

»DAS ZWEITE LEBEN beginnt, wenn man begreift, dass man nur eines hat.« Dieser Satz ging meiner Freundin Emina durch den Kopf, als ihre Partnerin vor siebzehn Jahren in ihren Armen starb. Krebs. Ein Menschenleib, verstrahlt und vergiftet von den verzweifelten Versuchen, ihn weiter am Leben zu erhalten. Vergebens.

Heute sagt Emina, wer niemals einen Menschen so sehr lieben durfte, könne niemals begreifen, wie kostbar das Leben und die Liebe sind und was Dankbarkeit bedeutet.

Da gab es diesen einen Tag im gemeinsamen Leben der beiden, an dem sie aufgaben und nicht mehr weiterkämpften. Sie brachen die Behandlungen in der Klinik ab und schlossen sich in ihrem Londoner Apartment ein, verschanzten sich im Doppelbett und redeten nur noch von all den Dingen, die sie so gerne noch miteinander erleben wollten, jetzt aber nicht mehr miteinander erleben durften. Ganz triviale Dinge – die aber tatsächlich Möglichkeiten tiefster Erfüllung hätten sein können, kostbare Möglichkeiten, die sonst allzu oft als Selbstverständlichkeiten an uns vorüberziehen. Was kümmert den, der noch eine Ewigkeit vor sich wähnt, die Erfüllung, die es bedeutet, jetzt überhaupt am Leben sein zu dürfen?

Tenzin Gyatso, der 14. Dalai Lama, brachte es einmal trefflich auf den Punkt:

Wir leben, als würden wir nie sterben,
und dann sterben wir, ohne wirklich gelebt
zu haben.

Am Morgen nach der Beerdigung stand Emina in der Küche, der Tisch war gedeckt für zwei. Während für sie die Zeit stillstand und sie auf eine leere Tasse starrte, saßen sich in London in diesem Moment sicher Tausende Menschen schweigend an Frühstückstischen mit vollen Kaffeetassen gegenüber und hatten sich nichts zu erzählen.

Wenn ich heute mit Emina spreche, sitzt mir eine charismatische, selbstbewusste Frau gegenüber. Ein Leuchtturm an Zuversicht und Lebensfreude. Erst durch diese Erfahrung hatte sie begriffen, dass auch ihr Leben endlich ist und sie schon morgen keine Zeit mehr haben könnte, es auch zu leben. Und dass ein Leben ohne Gefühle und ohne wahre Liebe kein Leben ist, sondern eine sicher dramatische, aber recht theoretische Abhandlung.

Heute ist sie sich bewusst, dass sie immer die Wahl hat, sich *für* etwas vollumfänglich zu entscheiden – und nicht nur *gegen* unzählige Dinge, die ihr nicht genügen könnten, vielleicht auch nur, weil sie anderen auch nicht genügen würden. Und das bedeutet eben auch, die Haltung und den Blickwinkel zu verändern, den eigenen Standpunkt auszuloten. Wir haben die Wahl, zu entscheiden, wem wir genügen wollen, uns selbst und den Menschen, die uns genauso lieben, wie wir sind, oder einer Masse, der alles gleichgültig ist, was nicht ihren hohen Erwartungen entspricht, die sie selbst kaum erfüllen kann.

> **Was kümmert den, der noch eine Ewigkeit vor sich wähnt, die Erfüllung, die es bedeutet, jetzt überhaupt am Leben sein zu dürfen?**

Nichts konfrontiert uns stärker mit der Tatsache, dass alles vergänglich und deshalb so kostbar ist, als der Tod – oder eine schwere Lebenskrise, die auch eine Form von Tod darstellt, den Tod unserer Wünsche, Pläne und Ziele, die wir für unser Leben hatten. Wir wachen auf und fassen möglicherweise den Beschluss, ein neues Leben zu beginnen, damit wir keine weiteren Augenblicke mit Nichtigkeiten vergeuden. Um Gewissheit zu erhalten, was wir aus unserem alten Leben loslassen oder festhalten wollen, sollten wir es uns erst einmal vergegenwärtigen. Nur wenn wir die Vergangenheit durchleuchten, wird sie keine Schatten mehr in die Zukunft werfen. Und wo Licht in der Vergangenheit und in der Zukunft scheint, stolpern wir auch in der Gegenwart nicht mehr durch die Dunkelheit.

Was wir sehen, tut oft weh, doch gerade in diesem Schmerz – in der Enttäuschung und Verzweiflung – offenbart sich die Möglichkeit, alte, festgefahrene Denkmuster und Vorstellungen, die sich nicht bewährt haben und mit denen wir gegen die Wand gefahren sind, loszulassen und zu neuen Überzeugungen zu gelangen, die uns erst andere Wege eröffnen.

Der Mensch findet sich und seine Mitte nur, wenn er alle Seiten in sich erkennt und erfährt. Und nur dadurch wird die Mitte zur Fülle, und das Sein kann zur Erfüllung werden. Was wir meiden und was wir nicht sehen wollen, wiegt umso schwerer, je weiter wir uns davon entfernen und wegwünschen; gleich einem Hebel, der immer länger wird, bringt es uns doch ins Wanken und irgendwann ganz aus der Balance. Was wir unterdrücken und nicht sehen wollen, machen wir stärker. Was wir nicht beherrschen, beherrscht uns. Nur wer seine vermeintlichen Schwächen und verdrängten Bedürfnisse erkennt und sich ihnen stellt, entdeckt seine ganze Fülle – und kann Erfüllung finden.

Um ein anderes Leben zu leben – mein eigenes, mit allen meinen Seiten und Facetten! –, musste auch ich erst einmal hinschauen, welches Leben ich bisher gelebt hatte, und warum das Glück immer in der Zukunft und in der Ferne zu warten schien, aber nie da, wo ich jetzt gerade ungeduldig verweilte. Ich musste mich selbst fragen, wer ich heute wirklich bin, wie es dazu kam und wer ich gern werden möchte.

Zurück zu den Sternen

Angeblich begann das ganze Theater schon in einem Kreißsaal an einem Donnerstagmorgen im Juli 1977 – ich wollte einfach nicht raus in diese Welt. Ich drehte mich lieber noch einmal auf die Seite, denn ich kam ohnehin schon viel zu spät zum geplanten Geburtstermin. Und daran, dass ich morgens zu spät komme, würde sich auch in den nächsten dreißig Jahren nicht mehr viel ändern.

Den ersten Moment, an den ich mich selbst erinnern kann, erlebte ich fünf Jahre später auf der Treppe vor der Schulsporthalle, neben der wir wohnten. In meiner Vorstellung öffnet sich der Vorhang, die Sonne scheint, eine Brise Abenteuerluft weht mir durch die blonden Haare, und ich sitze auf den massiven Steinstufen neben meinem besten Freund. Wir beide blicken in den blauen Sommerhimmel und erinnern uns gegenseitig daran, dass wir bloß nicht zu lange in den gefährlichen Feuerball da oben starren dürfen. Weil die Augen dann ganz bestimmt platzen, meint er. »Nein, weil sie dann natürlich verkohlen!«, verbessere ich ihn. Und da bin ich auch schon, die Heldin meines Theaterstücks: ein kleiner, blonder Neunmalklug, immer zu spät, immer das letzte Wort – und dann auch noch ein Lehrerkind.

Einig sind mein Freund und ich uns aber wenigstens darin, dass jeder, der zu lange in die Sonne schaut, qualvoll sterben würde. Und da sage ich zu ihm: »Du, ich glaube, uns gibt es überhaupt nicht. Das ist alles nur ein Traum, den ich träume. Und irgendwann wache ich auf, wirst sehn!, dann war ich auch du, und dann war ich die Sonne, und dann werde ich wieder unsterblich sein!«

In den Jahren danach allerdings muss ich wohl wieder vergessen haben, dass ich nur träume, denn das Wunder der Wirklichkeit zog mich nun doch zunehmend in seinen Bann. Jetzt wollte ich einfach unbedingt wissen und verstehen, mit Logik und Lupe herausfinden, wie diese wirkliche Welt begann, welche Kräfte sie im Innersten zusammenhalten und wann sie wieder auseinanderfliegen wird. Und am meisten faszinierte mich das Ende aller Dinge – die Vergänglichkeit, das Unergründliche hinter dem Schein und Sein von Normalität und Selbstverständlichkeit.

Diese unsichtbaren Kräfte, die alles zusammenhalten, ich wollte sie schon immer durchdringen, so lange ich denken kann. Noch bevor ich überhaupt lesen konnte, stöberte ich in einem Buch über die Geheimnisse des Universums und baute mir nach einer bebilderten Anleitung darin aus Nägeln und Kupferdraht meinen ersten funktionstüchtigen Elektromagneten. Dass für meine Nagelspule Papas Kofferradio herhalten musste, ist eine andere Geschichte. Ich schraubte wirklich alles auseinander – ob es da nun Schrauben hatte oder nicht! –, und nur äußerst selten schraubte ich davon auch wieder etwas zusammen. Und so verschwanden nach und nach Papas Uhren, Radios und alle seine Schraubendreher. Nichts reichte mir so, wie es war – da musste doch einfach mehr sein! Ein tieferer Sinn, ein Grund, ein großes Geheimnis, irgendwas!

> Wir haben die Wahl, zu entscheiden,
> wem wir genügen wollen: uns selbst
> und den Menschen, die uns lieben, wie wir sind,
> oder einer Masse, der alles gleichgültig ist,
> was nicht ihren hohen Erwartungen entspricht,
> welche sie selbst kaum erfüllen kann.

Ich machte alles kaputt, um zu verstehen, wie es überhaupt vorher funktionieren konnte. Und die Schöpfung bewies reichlich Humor und ließ mich mit diesen recht zweifelhaften »Tugenden« und mit meinem Zerstörungswahn nun auch noch auf die Gesellschaft los.

Mit sieben Jahren wurde ich eingeschult. Mit siebeneinhalb konnte ich wenigstens schon einmal die Unterschrift meiner Mutter fälschen und die ganzen Tadel auch gleich selbst unterschreiben. Mit acht saß sie dann neben mir auf der Bettkante, nachdem ich zum ersten Mal dabei erwischt wurde, und fragte ausgerechnet mich, was sie nur falsch gemacht habe mit ihrer Erziehung. Ich wollte eigentlich nie wie die anderen sein, und doch war ich ein Klassenclown und Störenfried, der über alle Maßen die Anerkennung und Bestätigung seiner Mitschüler suchte. Ein Widerspruch zwischen Sein, Seinwollen und Seinsollen, der mich noch mein ganzes Leben zerreißen sollte und mich letztlich fast selbst »kaputt« gemacht hätte.

Ich konnte noch nicht einmal richtig rechnen, aber um mir Teleskope aus dem Optik-Baukasten meiner großen Schwester zu bauen und damit in den Nachthimmel zu schauen, dafür reichte es. Ich träumte von Abenteuern auf anderen Planeten, von anderen Welten und natürlich von Zeitreisen in die Zukunft, wo man mir die Welt und das Wunder des Lebens endlich erklären würde. Mein Freund und ich arbeiteten bereits an einem Fluchtplan, um diesen Planeten mit einer aufblasbaren Rakete zu verlassen, ganz so, wie in »Adolars phantastischen Abenteuern«, die damals regelmäßig als Zeichentrickserie im ostdeutschen Fernsehen ausgestrahlt wurden. Natürlich durften unsere Geschwister und unsere Eltern nichts von unseren Plänen erfahren, hätten sie doch darauf bestanden, dass wir unsere Reise zu den Sternen jeden Sonntag unterbrechen, umkehren und zurückfliegen, damit wir Punkt zwölf wieder am Mittagstisch sitzen und den widerlichen Rosenkohl aufessen. Wir wollten wirklich weg, und zwar ganz weit und für ganz lange – und wir würden nicht eher heimkehren, bis wir dieses Universum vollständig ausgekundschaftet und verstanden hätten … bis wir allwissende Helden wären.

Zwischen meinem Zimmer und dem Kinderzimmer meines Freundes in der Nachbarwohnung gab es sogar eine geheime Standleitung, über die wir uns zum Aufbruch zu den Sternen verabreden wollten, wenn ich nur endlich die letzten technischen Schwierigkeiten mit unserer Rakete aus der Welt geschafft hätte. Irgendwann allerdings verfing sich Mama im Hausflur mit dem Kehrbesen in den gut versteckten Kupferdrähten und sabotierte unsere Sprechverbindung – und damit ein für alle Mal unser Himmelfahrtsprojekt. Unser Fluchtplan war gescheitert, wir mussten hierbleiben und weiterhin beim Geschirrspülen helfen, Altpapier sammeln und in dieser langweiligen Schule sitzen.

Als die Welt ihren Zauber verlor

Den einzigen Weg in den Kosmos fand ich fortan in Büchern und Geschichten, mit denen ich mich in schwarze Löcher und fernste Galaxien davonträumen konnte. Als ich älter wurde, bereicherten wenigstens die recht praktischen naturwissenschaftlichen Fächer meinen Schulalltag – Biologie, Chemie und vor allem Astronomie und

Physik, die mir doch ziemlich Spaß machten. Aber je länger ich in der Schule saß, je mehr Wissen ich in meinem Kopf ansammelte, umso weniger Lust hatte ich noch auf das Universum in meinem Teleskop. Je mehr ich es verstand, umso weniger wollte ich es erleben und erfahren. 1990 hatte ich mir zudem meinen ersten eigenen Computer zusammengespart, und mein Herz schlug ab dem Zeitpunkt nur noch mit mindestens sechzehn Megahertz. Diese Maschine eröffnete mir eine weitere virtuelle Parallelwelt, faszinierend wie die in meinem Kopf. Und so war es auch kein Wunder, dass ich 1995 beruflich in der Informations- und Kommunikationstechnik landete. Irgendetwas musste ich ja beruflich machen, und meinen Plan, ein Zirkusclown zu werden, fanden meine Eltern nicht wirklich lustig. Auf alles Neue, auf verrückte Abenteuer hatte ich immer Lust – doch viel zu schnell entzauberte sich alles und ödete mich an. Wie ein heißer Strom aus Lava floss ich auf das Meer der Möglichkeiten zu, nichts konnte mich auf dem Weg dahin aufhalten. Angekommen in diesem Meer, kühlte ich jedoch schlagartig ab und erstarrte, denn auch das, was möglich ist, bedeutet irgendwann Normalität und Routine. Und so machte mir der berufliche Umgang mit Menschen und Technik zu Beginn großen Spaß, doch ich verlor erwartungsgemäß auch hier nach einigen Monaten komplett die Motivation. Aus Leidenschaft wurde Pflicht, bald erschien mir jeder Tag gleich stumpfsinnig. Es erging mir schon nach achtzig Arbeitstagen wie achtzig Prozent der Bevölkerung, die nach einer aktuellen Studie an einer Art »Montagmorgen-Melancholie« leiden. Es gelang mir nicht, mich damit abzufinden.

Meine Realität sah in etwa so aus: Morgens wälzte ich mich für gewöhnlich wie ein Klumpen warmes Blei von der Matratze und hoffte, dass die Beine mich wenigstens bis unter die kalte Dusche tragen würden. Meine Kollegen waren derweil längst auf dem Weg zur Arbeit. Die Verkehrsschlagader auf der anderen Seite meiner Fensterscheibe im Bad pulsierte, draußen war alles im Fluss. Aber ich funktionierte einfach nicht wie die anderen, bei mir floss gar nichts.

Tief in mir spürte ich, dass hier etwas ganz grundsätzlich nicht stimmte, und noch hoffte und rebellierte etwas in mir, also kam ich lieber gleich überall und immer zu spät. Nur die Hoffnung auf einen überraschenden Endspurt – endlich mit einem klaren, beständigen Ziel vor Augen – feuerte mich weiter an in diesem Marathon der ständigen Verspätung. Ich sehnte mich nach Veränderung, nach Leichtfüßigkeit, nach einem Lebenssinn, dem ich mich hingeben wollte.

Ohne Puls am Puls der Zeit

Ich lebte zwar immer am Puls der Zeit, aber meinen eigenen Puls konnte ich schon mit Mitte zwanzig kaum noch spüren. Dank des Fortschritts und vermeintlich grenzenloser Freiheiten kam ich zwar überall hin, doch nirgends mehr richtig an. Ich konnte alles erreichen, aber nichts und niemand stellte mich mehr zufrieden – und das, wo mir doch längst alles viel zu viel geworden war.

Ich genügte mir selbst nicht mehr, fühlte mich ständig müde und leer – und so konnte ich auch keinen anderen Menschen wirklich erfüllen.

Ich hätte mich gern um die ganze Welt gekümmert, war aber schon mit mir allein völlig überfordert. Ich fühlte mich nie wirklich ausgeschlossen von der Gesellschaft, folgte aber anderen Menschen dennoch lieber mit einigem Abstand auf ihren ausgetretenen Trampelpfaden ins Irgendwo der ersehnten Erfüllung.

Die Wunder der Welt und des Universums, die mich als Kind so fasziniert hatten, zeigten sich mir bald nur noch nach Feierabend im Fernsehen und in Computerspielen, Wunder gab es jetzt allein in der Werbung und in den Regalen der Supermärkte. Dort war alles super und Superlativ. Und um mich daran immer mehr berauschen zu können, musste ich dann auch noch superviel mehr arbeiten.

Die Informationsflut im Internet entzauberte das Wunder der Schöpfung noch weiter, und genau dort landete ich immer häufiger nach der Arbeit, weil ich zu müde war für das echte Leben und weil dort alles so grenzenlos und lebendig erschien, sofort verfügbar und kostenlos. Ich sog alles auf: Millionen von digitalen Informationen, die zwar unterhaltsam waren, aber keinen wirklichen Mehrwert für mein eigenes Leben darstellten und wenig damit zu tun hatten. Ich hielt es für schrecklich klug, ständig irgendwelche Online-Intelligenztests zu machen, damit ich wusste, dass ich klug bin, obwohl ich offensichtlich schon zu dumm war, um meinen Alltag auf die Reihe zu bekommen und um glücklich zu sein. Ich wusste so viele kluge Sachen, zum Beispiel, nach wie vielen Sekunden einer Umarmung zwischen zwei Menschen sich genau welches Hormon im Körper an die Arbeit machte. Und dass jede Umarmung unter einer halben Minute therapeutisch praktisch nutzlos sei. Aber wenn mich dann wirklich mal jemand umarmte und ich versuchte, wenigstens zweiunddreißig Sekunden zu klammern, hatte ich eher solche unnützen Gedanken im Kopf als irgendwelche Hormone im Blut und Gefühle im Herzen. Ich war vermutlich extrem – völlig verkopft! –, und vielleicht unterscheidet mich das auch von vielen Menschen, die mehr in Kontakt mit ihren Gefühlen sind. Tatsache ist, dass ich mich damit auseinandersetzen musste und mich nicht einfach damit abfinden konnte.

In jeder weiteren meiner Lebenssekunden wurde das bedingungslose Wunder *Leben* immer mehr funktionalisiert, immer zweckmäßiger. Alles wollte ich wissen, verstehen und erklären, aber wenig davon begriff ich wirklich. Und begreifen ist eben auch erleben, nicht nur wissen und verstehen. Ich erlebte eine faszinierende Welt im Kopf, eine Welt der Vorstellungen und Gedanken – doch es blieb eine Parallelwelt, in der ich mich immer weiter verlor.

> Dank des Fortschritts kommen wir zwar
> überall hin, doch nirgends mehr richtig an.
> Wir können alles erreichen, aber nichts stellt
> uns mehr zufrieden. Wir sind überall,
> bloß nicht dort, wo das Leben tatsächlich
> stattfindet – in der Gegenwart.

Am Ende funktionalisierte ich mich sogar selbst und meinen Körper. Die große Begeisterung für die Schöpfung wich den Fragen, was ich hier zur Hölle eigentlich machte und wie ich es besser machen könnte. Statt den Sternenhimmel zu beobachten, beobachtete ich mich nun selbst und überwachte vor allem meinen Körper darin, ob er auch alles richtig machte. Und das mit hypochondrischer Besessenheit! Und mochte noch so viel Platz im Weltenraum sein, bald fand ich jeden Millimeter an mir zu dick und zu groß. In einer Welt, in der alles möglich zu sein schien, fand ich mich selbst einfach unmöglich. Ich war ein Mensch aus Sternenstaub, der sich nur noch ungern im Sonnenlicht zeigte. Aber der Weg zurück zu den Sternen und damit zum Staunen ist eben müßig, sagt man – »Per aspera ad astra!«, wie es auf Lateinisch heißt.

Ich hätte als junge Erwachsene nicht mehr wirklich daran geglaubt, dass ich bald wieder wie als Kind unter dem Sternenhimmel liegen und staunen würde. Und ich hätte es für unmöglich gehalten, dass ich irgendwann wieder in den Spiegel schauen und in meinen eigenen Augen das Funkeln der Sterne wiederentdecken würde.

Doch bevor man sich grundlegend aus alten Gewohnheiten und Handlungsmustern befreien kann, um die Zukunft anders zu gestalten, das weiß ich heute jedenfalls, muss man sich leider auch erst einmal mit der ernüchternden Realität, in der man steckt, konfrontieren – man muss raus aus Sehnsüchten, Hoffnungen und Erwartungen und vertrauensvoll rein in die Gegenwart! Nur wenn man das Gegenwärtige erst einmal richtig »festhält«, wenn man es also genau betrachtet, durchdringt, kennenlernt, sich ihm vertrauensvoll hingibt und emotional darauf einlässt, dann kann man etwas auch endlich einmal ganz loslassen. Dann begreift man, was man will und nicht mehr will, man entscheidet sich aus tiefster Überzeugung und spielt nicht mit Ausreden und Ersatz-Entscheidungen auf Zeit, während die Lebensuhr immer weitertickt.

In permanenter Umtriebigkeit und Zerstreuung versuchte ich, anzukommen, Stabilität und Halt zu finden, aber natürlich war das Unsinn. Das wusste ich damals schon, aber ich konnte einfach nicht damit aufhören!

> *Um etwas wirklich loslassen zu können, müssen wir uns erst einmal mutig und vertrauensvoll auf das Gegenwärtige einlassen. Dann begreifen wir, was wir wollen und nicht mehr wollen, und können uns aus tiefster Überzeugung entscheiden.*

Ich wartete auf diesen großen Wink des Schicksals, von dem ich annahm, dass er vielleicht mit einem einzigen Luftstoß endlich alles Alte entwurzeln und mir etwas völlig Neues offenbaren würde: den überraschenden Traumjob, den Traumpartner, das Traumauto, den Lottogewinn. Aber das Schicksal winkte einfach nicht, es streckte mir nur die Zunge heraus.

Zu gesund für die Normalität?

Je mehr ich die Geduld mit mir verlor, desto dehnbarer wurde allerdings auch dieser verflixte Geduldsfaden. Er riss mir einfach nicht und wickelte die ganzen faulen Ausreden, die mich darin bestärkten, einfach so weiterzumachen, sogar in buntem Geschenkpapier ein – damit ich sie anderen Menschen auch noch als gut gemeinte Ratschläge aufschwatzen und ihnen mit auf den

Lebensweg geben konnte. Wenn andere das Gleiche machen würden wie ich, käme es mir vielleicht weniger absurd vor. Womöglich war das mein unbewusster Antreiber.

Die Gegenwart, und das Wunder des Augenblicks, mussten einfach irgendwo in der Zukunft auf mich warten – das hier jedenfalls konnte es doch nicht sein! Ich verlor mich weiter in Vorstellungen und Erwartungen, statt mich hier und jetzt in der Gegenwart selbst zu verwirklichen. Ich wusste einfach nicht, wie! Verausgabung statt Leidenschaft, hohe Erwartungen und fantastische Träume, aber absolut kein großer Plan.

Kleine Glücksmomente und sogar Anflüge von Euphorie, natürlich gab es die auch. Aber unter grundlegender Zufriedenheit und Motivation stellte ich mir etwas anderes vor. Morgen ein Dreier im Lotto, übermorgen ein dreizehntes Monatsgehalt, irgendetwas war immer mal wieder und ließ den Puls kurz mit einhundertdreißig Schlägen pro Minute hüpfen. Primär aber trieben Abhängigkeiten und Verpflichtungen meinen Blutdruck nach oben, was zumindest den Kreislauf und etwas Stoffwechsel gewährleistete. So fiel ich wenigstens nicht um, während mein Kopf mit ständig neuen Erwartungen und Problemen den Lebensgeist im Herzen erdrosselte.

Und damit das auch so blieb, ließ ich mich mit immer neuen Sehnsüchten und Sicherheiten in der eisernen Lunge der Unterhaltungs- und Erfüllungsindustrie beatmen. Geld verdienen, Geld ausgeben – Geld verdienen, Geld ausgeben. Immer schneller, bis man hyperventiliert und an all den leeren Produktversprechungen zu ersticken droht. In meiner Wohnung häufte sich damals der ganze Krempel, der die Freiheit versprach, aber am Ende doch nur im Weg stand. Mir dämmerte langsam, dass mir von dem ganzen Zeug nichts wirklich gehörte, sondern dass es von mir Besitz ergriffen hatte. Ich hing und klammerte mich daran, aber es umarmte mich einfach nicht zurück.

Im Monatskalender aus der Apotheke mahnte Buddha, dass wir unser Leben verschwenden würden, wenn wir irrtümlicherweise annähmen, dass wir hier ewig Zeit hätten. Aber je mehr ich mich bemühte, intensiver zu leben, umso schneller war wieder alles beim Alten. Ich drehte mich nur im Kreis. Ich steckte in einem Hamsterrad und hoffte, es würde zum Karussell, wenn ich einfach noch mehr Schwung holen würde.

In diesen zermürbenden Krisen fand ich den Zugang zur Philosophie, las über Kant, Nietzsche, Descartes, Schopenhauer, Camus und beschäftigte mich mit ihren Biografien, in denen ich mich häufig wiederzuerkennen glaubte. Wenigstens vermochten sie die allgemeine Sinnlosigkeit oft in schöne und kluge Worte zu packen, fand ich. Aber dann stieß ich auf die besonders weisen Worte eines gewissen Jiddu Krishnamurti, die all meine verzweifelten Ambitionen, endlich »normal« zu werden, ein für alle Mal begruben:

Es ist kein Zeichen von Gesundheit,
an eine von Grund auf kranke Gesellschaft
gut angepasst zu sein.

Und nur Minuten später, als ich dieses Zitat recherchierte, stieß ich auch auf ein Video[1] von dem bekannten Psychoanalytiker und Philosophen Erich Fromm, der ebenfalls die Frage aufwarf, wer denn heutzutage wirklich »krank« sei: der angepasste oder der unangepasste Mensch? Fromm stellte in dem Interview die rhetorische Frage, ob es nicht doch eine gesunde Reaktion wäre, in dieser Welt psychisch und physisch nicht so recht zu funktionieren – und ob nicht die wirklich Kranken einfach darüber entscheiden würden, was als gesund und was als krank gilt.

Ich fragte mich nach diesem Interview vor allem, ob meine großen Sinnkrisen, in denen ich alles infrage stellte, sogar eine Chance zur Gesundung darstellen könnten – ob nicht vielleicht doch erst einmal alles schlimmer werden muss, bevor es besser werden kann. Vielleicht lag ja gerade in meinen Krisen, Depressionen und Zweifeln der Ausweg, wenn ich mich nur endlich hineinfallen lassen und mich hingeben könnte, statt mich vor dem Aufgeben und Scheitern zu fürchten? Ich hatte immer erwartet, dass sich auf einen Schlag alles zum Guten wandeln würde, einfach so – aber hatte doch viel zu viel Angst vor wahrer Veränderung. Denn sie würde bedeuten, die Vergangenheit loslassen und das

Gegenwärtige infrage stellen zu müssen, inklusive all meiner mannigfaltigen Wunschvorstellungen und Überzeugungen darüber, wie die Zukunft auszusehen hätte. Und weil es eben doch nicht so einfach ist, tiefste Überzeugungen, die man doch schon unendlich oft verfochten hat, loszulassen, sitzt man dann da und verändert sich kein bisschen. Man liest vielleicht tausende fantastische Ratgeber, die das Glück auf Knopfdruck versprechen, aber morgen ist alles wieder wie gestern. Und natürlich entmutigt und ermüdet das!

Womöglich ist Veränderung das, wonach wir uns am meisten sehnen, doch die Vorstellung, dass sich etwas verändert, ist gleichzeitig das, was wir am meisten fürchten. Darum fällt es so schwer, Entscheidungen zu treffen.

Paradoxerweise ist die Vorstellung von wirklicher Veränderung, nach der wir uns sehnen und die wir vielleicht dringend nötig hätten, auch die, die wir am meisten fürchten. Was wir wollen, ist eben oft nicht das, was wir brauchen. Und darum fällt es uns so schwer, überhaupt Entscheidungen zu treffen, die etwas bewegen und verändern würden. Auf Enttäuschungen von Erwartungen und Vorstellungen hat letztlich niemand Lust – und Hoffnungen und Wünsche lassen wir nur ungern los, selbst wenn das Glück direkt vor uns läge, aber einfach anders aussieht, als wir es uns vorstellen. Unsere alten Überzeugungen aufzugeben, empfinden wir doch viel zu schnell als Scheitern, dabei scheitern wir meist nur, weil wir an ihnen festhalten. »Lieber unglücklich als unrecht.«

Aber man muss eben erst einmal bemerken, dass man sich und dem Glück oft nur selbst mit begrenzten Vorstellungen im Weg steht. Ohne neue Vorstellungen und Überzeugungen, dafür aber mit den alten Gewohnheiten und wachsenden Zweifeln fahren wir wieder und wieder mit alten Handlungsmustern durch das Leben – und gegen die Wand. Wir tun stets das Gleiche, erwarten aber andere Resultate. Es ist die Angst vor dem Verlust von Sicherheiten, Kontrolle und falschen Überzeugungen, die uns einsperrt – Verlustangst eben! –, obgleich wir uns oft einreden, dass wir die unberechenbare Realität fürchten würden. Das Problem existiert nur im Kopf.

Die Flügel der Verzweiflung

Inzwischen hatte ich über dreißig Jahre lang versucht, mich anzupassen und doch gleichzeitig anders zu sein – hatte mich zerrissen zwischen beiden Welten. Was mir genügen könnte, reichte anderen nicht – was anderen genügte, reichte mir nicht. Mit Überzeugungen, die sich drei Jahrzehnte lang schon nicht recht bewährt hatten, wollte ich in eine gänzlich andere Zukunft finden. Und wo das eben nicht gelingen kann, hängt man dann im

Hamsterrad der Selbstoptimierung fest – wobei der Teil in uns, der ständig alles optimieren und verändern will, zuallererst eine Generalüberholung nötig hätte, damit er überhaupt erst einmal erkennen würde, dass der Mensch, der ich gern sein will, sich gar nicht verändern kann, sondern nur der Mensch, der ich wirklich bin. Und schon hier scheiterte es meist mit der Veränderung, weil ich gar nicht sehen wollte, wer ich wirklich bin. Aber womöglich hatte Krishnamurti ja doch recht, und ich war tatsächlich einfach noch zu lebendig und zu »gesund«, um mich mit diesen Hamsterrädern einfach abzufinden – das redete ich mir damals jedenfalls ein. Milliarden Jahre hatte sich alles auf wundersame Weise in diesem Universum gefügt, aber wozu? Damit ich es jetzt jeden Morgen gerade noch rechtzeitig um acht Uhr dreißig zu meinem Arbeitsplatz schaffte? Damit ich am Abend dann noch dreißig Minuten länger bleiben musste, um nicht das Gleitzeitkonto zu sprengen? Eine Ewigkeit war dieses Universum schwanger und brütete all die Materie aus, damit ich sie jetzt für 2,99 Euro von meinem Arbeitslohn im Sparangebot in Form einer Spreewald-Gurke im Supermarkt kaufen konnte? Das wollte sich mir einfach nicht erschließen. 13,8 Milliarden Jahre lang geduldiges Wunder, und wehe, die Steuererklärung ging jetzt auch nur fünf Minuten zu spät beim Finanzamt ein! Ich begann, das alles zu hinterfragen, ziemlich naiv natürlich. Aber ich begann damit. Wer hat eigentlich das Recht, mir Fristen und Preise zu setzen und diesen Planeten und seine Ressourcen aufzuteilen und zu seinem Besitz zu erklären? Wer bestimmt darüber, was schön und hässlich, was recht und unrecht, was erstrebenswert oder verwerflich ist? ›Das ist doch mein verficktes [sic!] Leben, und ich habe doch einen eigenen Willen!‹, dachte ich.

Und ich verstand diese Welt einfach nicht mehr. Überall Krieg, Konsum, Rücksichtslosigkeit – unser Planet wurde ausgebeutet und vermüllt, das Klima spielte verrückt, und ganz unbeteiligt war ich ja auch nicht daran. Aber die Menschheit, zu der ich gehörte, begegnete diesen Problemen in etwa so, wie ich Haarausfall begegnete: Da gibt es diese Tage, an denen man darauf hofft, dass der Haarausfall morgen ganz bestimmt aufhören wird, und dann gibt es Tage, wo man sich sicher ist, dass bald das letzte Haar verloren ist. Am Ende durchkämmt man kluge Bücher nach Lösungsvorschlägen und probiert alles, was man dort findet, der Reihe nach auf der Kopfhaut durch. Kaum wird es besser, wird man wieder nachlässig, und dann beginnt alles von vorn. Und wenn es auf Dauer trotzdem immer weniger Haare werden, manipuliert man sich eben die Frisur zurecht oder findet sich irgendwann damit ab. Und am Ende fallen sie wegen des ganzen Stresses, den man sich damit macht, noch mehr aus. Unserer Erde gingen auch die Haare aus, schien mir – und je mehr wir uns stressten und daran etwas ändern wollten, umso schlimmer schien es zu werden.

Wenn wir stets das Gleiche tun, aber andere Resultate erwarten, fahren wir wieder und wieder mit den alten Handlungsmustern durch das Leben – und im schlimmsten Fall gegen die Wand.

Wenn sich alles immer schneller um einen dreht und man nicht mehr mitkommt, erklärt man sich irgendwann zum neuen Mittelpunkt der Welt, setzt sich vor einen Computerbildschirm oder Fernsehapparat und lenkt sich mit fesselnden Beiträgen über das Wunder und die Leistungsfähigkeit des Menschen ab.

Bald weiß man alles, sogar wie man Tsunamis überlebt und Haiangriffe abwehrt, schafft es aber im realen Leben nicht mal ans Meer. Man sammelt immer mehr unnützes Wissen für ein Leben, in dem man in Sicherheiten fast ersäuft, und macht sich bald dreimal so viele Gedanken wie ein Raketeningenieur, der zum Mond fliegen will. Dann denkt man noch darüber nach, warum man eigentlich immer so viel denken muss, bis man auch noch darüber nachdenkt, warum man darüber nachdenkt, dass man so viel nachdenkt. Es führt nirgendwohin, und schon gar nicht mehr zurück den Sternen oder wenigstens mal ans Meer.

Da hockte ich also damals und machte Inventur im Kopf. Meine Gedanken drehten sich im Cockpit meiner ganz eigenen Rakete aus Fleisch und Blut. Die stand zwar schon seit Jahren auf der Startrampe in Bereitschaft, wurde aber nur noch notdürftig instand gehalten.

Zwischen Rumpf und Rampe spannten sich Dutzende Sicherungsseile und spiralförmige Kühlschläuche und Elektrokabel. Überall dampfte und zischte es – das ganze Projekt »Raketenmensch« war schon von Beginn an eine einzige Verkettung unglücklicher Umstände, Undichtigkeiten und Fehlfunktionen. Ich war eine einzige Dauerbaustelle. Es roch nach Treibstoff, die Stimmung war explosiv und angespannt, ich war ständig gereizt. Ich zweifelte längst sehr daran, dass ich überhaupt noch einmal in den Sternenhimmel oder in ein anderes Leben und nicht einfach nur in die Luft fliegen würde. Ein einziger Blitzschlag in den Tank, ein kleiner Kurzschluss im System, und alles wäre vorbei. Ich begann mich ernsthaft zu sorgen, ob ich bald einfach sterben müsste. Mit Anfang dreißig war ich schon eine ausgewachsene Hypochonderin.

Dabei bräuchte es nur einen einzigen, winzigen Funken, an genau der richtigen Stelle – ich müsste nur ein einziges Mal wirklich kühn und verwegen sein und zünden –, dann hätte ich wenigstens eine Chance und einmal absolute Gewissheit im Leben. Doch dazu braucht es eben Mut! Und den hatte ich nicht.

Pirouetten im Kopf, Schlittschuhfahren auf Beton – ich kam keinen Meter voran, war erschöpft und einfach nur noch müde und gelangweilt von meinen ständig gleichen Sorgen und Erwartungen. Ich war verzweifelt und längst auf irgendwelchen Pillen, die mich in Watte packten und wie einen Roboter herumlaufen ließen. Ich hatte keinen Lebensmut mehr, und dabei war ja eigentlich überhaupt nichts passiert, aber vielleicht genau deshalb. Es passierte nichts! Ich hatte keine Lust mehr auf diese Langeweile.

Wenn dem Mut dann jedoch die Flügel der völligen Verzweiflung wachsen, dann schreibt das Leben manchmal seine verrücktesten Geschichten.

Es war Zeit, etwas wirklich Irrsinniges zu wagen, damit ich zur Abwechslung wenigstens einmal neue und ganz andere Probleme zu Gesicht bekäme. Warum noch weiter an den alten Sorgen festhalten, wenn man doch schon morgen viel größere haben könnte? Vielleicht war ich ja überqualifiziert für die gewöhnlichen Herausforderungen und Probleme des Alltags, die jeder andere auch hatte, aber offensichtlich auf die Reihe bekam. Womöglich machte ich ja einfach nur die ganzen Trivialitäten viel komplizierter, als sie eigentlich waren, damit ich mich wenigstens genauso produktiv und erfolgreich dabei fühlte! Aus dieser Perspektive hatte ich das alles noch gar nicht betrachtet, und mir gefiel, was ich sah. Also redete ich mir jetzt ein, dass ich nicht zu dumm, sondern vielleicht doch nur zu klug war, und einfach größere Herausforderungen brauchte als Karriere, Lohnsteuererklärung und Bußgeldkatalog. Manchmal muss man eben den eigenen Verstand verarschen, damit man überhaupt wieder voran und vielleicht zurück zu den Sternen kommt. Und von einem ganz neuen Leben, mit viel größeren Schwierigkeiten, trennt einen letztlich immer und zu jedem Zeitpunkt nur eine einzige Entscheidung. Man müsste sich nur dazu durchringen, sie zu treffen. Und morgen wäre wirklich mal alles ganz anders.

Am 23. November 2011, im Alter von vierunddreißig Jahren, fasste ich den Mut, zündete meine Rakete und stellte mich einer gänzlich neuen Herausforderung.

Ins zweite Leben vor dem Tod

In der warmen Mittagssonne eines ansonsten völlig unspektakulären Novembertages stieg ich in ein Ruderboot, stieß mich in einem Hafen an der Südspitze Portugals von einem schmalen Holzsteg ab und ruderte hinaus aufs Meer. Und manchmal muss es eben das Meer sein! Mein neues Ziel im Leben: die andere Seite des Atlantischen Ozeans, 6500 Kilometer und sicher eine Million Ruderschläge weit entfernt. Ich war vorher noch nie auf dem Meer gewesen und wusste nicht einmal, ob ich überhaupt noch schwimmen kann. Zwei Jahre hatte ich wenigstens die Theorie gepaukt, meinte, mir schon vorstellen zu können, auf was ich mich da einlasse. Meine neuen Herausforderungen für die nächsten Monate: Stürme, haushohe Wellen, Öltanker und echte Haie. In der Ungewissheit, ob ich dieses Abenteuer überhaupt überleben könnte, fühlte ich mich wieder lebendig. Auf der Flucht vor mir selbst über den Globus spürte ich mich mit jedem weiteren Ruderschlag wieder ein bisschen mehr.

Der Atlantik riss mich schneller aus meinen Erinnerungen und alten Gewohnheiten, aber auch aus meinen Erwartungen für die Zukunft, als mir lieb war. Das Meer ohrfeigte mich so lange mit klatschnassen, kalten Wogen, bis ich in der Gegenwart wieder zur vorläufigen Besinnung kam.

> Von einem neuen Leben trennt einen letztlich
> immer nur eine einzige Entscheidung.
> Manchmal braucht es nur einen winzigen Funken
> an genau der richtigen Stelle, um zu zünden.

Doch muss man wirklich erst sein Leben aufs Spiel setzen, um sich wieder lebendig zu fühlen? Ist es doch manchmal nur ein ganz kleiner Schritt bis zum Zu-weit-Gehen!

Mein Egotrip im Ruderboot endete nach einem Vierteljahr, am 21. Februar 2012, in der Karibik, an der Westküste von Barbados. Das bis dahin größte Wagnis in meinem Leben hatte ich zumindest überlebt. Und doch war dieses Abenteuer noch nicht das Ende meiner »Heldenreise«. Der Mythenforscher Joseph Campbell prägte diesen Begriff, und er gefiel mir. In seinem Klassiker *Der Heros in tausend Gestalten* schrieb er, jede Heldenreise beginne mit dem Ruf des Abenteuers, den der »Held« oder die »Heldin« allerdings oft nicht hören will. Das Wagnis wird am Ende nicht unbedingt gleich mit der ersehnten

Freiheit belohnt, sondern mündet erst einmal in einem Leben zwischen »zwei Welten«. So erging es mir auch.

Der Ozean hatte mich an jedem der neunzig Tage aufs Neue herausgefordert, und ich hatte mich den Elementen entgegengestellt. Ich war gewachsen darin, meine Sinne waren geschärft, meine Gedanken wieder klar. Aber der eigentliche Drache, den es totzuschlagen galt, erwartete mich erst nach meiner Rückreise in Heidelberg im Alltag der alten Abhängigkeiten und Verpflichtungen. Nach der Erfahrung der Freiheit auf dem weiten Meer erschien mir der Alltag an Land als noch größeres Gefängnis. Wie sollte ich hier jetzt noch klarkommen?

Die frühere Normalität überforderte mich sogleich wieder, noch mehr als vor meiner Reise. Jetzt konnte ich mich zwar stundenlang im Gezwitscher der Vögel verlieren und mich frei und erfüllt fühlen, doch der Lärm der Menschen trieb mich in den Wahnsinn. Die Farben und Klänge der Natur sogen mich ein, die Supermärkte und Fernsehprogramme der Erfüllungsindustrie spuckten mich dagegen mit Kopfschmerzen wieder aus. Auch die alten Spielregeln des Miteinanders hatte ich verlernt. Smalltalk über Jobs, Apps, Geld und Kränklichkeiten machten mich ebenso kränklich.

Ich konnte das einfach nicht mehr aushalten, saß da, fand alles schrecklich belanglos, blockierte innerlich und fand keine Antworten mehr. Wenigstens versuchte ich, zu lächeln und nett zu sein. Schließlich konnte kein Mensch etwas dafür, dass ich nicht mehr konnte. Ich

lächelte mich die nächsten Jahre nach meiner Ozean-
überquerung zur Außenseiterin, zu einem schrägen Vogel, der sich am Ende immer weiter zurückzog und immer weniger verstanden wurde. Und daran zerbrachen
zuerst alte Freundschaften, dann auch meine Partnerschaft.

> Die größte Herausforderung im Leben
> besteht nicht darin, einen Achttausender
> zu besteigen, über den Atlantik zu rudern
> oder einen Pilgerweg zu gehen.
> Die größte Herausforderung ist ein bewusstes
> und achtsames Leben in der »Normalität«.

Der Mensch, der fast zwölf Jahre an meiner Seite gewesen
war, ging, und das Schlimme war, es ließ mich zunächst
auch noch ziemlich kalt. Der Ozean hatte mich zwar näher zu mir selbst, den Vögeln, den Walen und Bäumen
gebracht, aber von den Menschen nur noch weiter entfernt. Irgendwas stimmte hier nicht. Es ist eben nicht alles sofort gut, nur weil man über einen Ozean gerudert
oder auf einen Berg geklettert ist. Am Ende jedes Abenteuers oder Pilgerweges wartet erst die wahre Herausforderung: ein bewusstes und achtsames Leben in der »Normalität«, in dem man sich den eigenen Bedürfnissen stellt
und den eigenen Willen und die Verantwortung über das
Denken und Handeln übernimmt.

Raus aus den Gedanken, rein ins Leben

Nach meiner Erfahrung auf dem Ozean hatte ich die Wahl: Entweder ich kehre zurück in mein altes Leben, verschließe die Sinne, integriere mich und funktioniere wieder – und träume einfach wieder vom Ankommen und Loslassen; oder ich steige mit dem Vertrauen einer überlebten Erfahrung von eigener Grenzenlosigkeit nun mutig sogleich wieder ins Hamsterrad des Höher, Schneller, Weiter und jage fortan das Risiko und den Adrenalinkick in immer neuen waghalsigen Abenteuern. Das Hier und Jetzt wartet dann immer woanders. Und auch wenn die erneute Flucht auf den Ozean mein erster Impuls war, blieb ich hier. Davonlaufen und wegrudern ist in gewisser Hinsicht einfacher als leben: Allein in einem Ruderboot auf dem Meer sind die Probleme, mit denen man konfrontiert wird, zwar meist dringlicher und bedrohlicher, aber auch irgendwie überschaubarer, und alle Konsequenzen betreffen einen nur ganz allein. Ich suchte jedoch einen anderen Weg als die erneute Flucht in die Ferne oder als die Abstumpfung im Alltag. Der Weg fand mich erst in den nächsten vier Jahren. Und ich gehe diesen Weg heute immer noch, zusammen mit Menschen, die jetzt mein Leben bereichern, die mich so mögen, wie ich bin. Sie lassen mich stundenlang über das Leben philosophieren, hören meinen vielen, vielen Gedanken zu und erden mich – mit einem bedingungslosen »Janice, du bist total durchgeknallt, aber genau dafür liebe ich dich.«

Diese Freunde und Freundinnen helfen mir auch dabei, weiterhin mein Lebens- und Identitätspuzzle immer mehr zusammenzufügen, damit ich immer tiefer das Wunder erfahren kann, wer ich wirklich bin, wer wir alle sind und was diese Welt ist. Eine dieser Freundinnen ist Emina. »Keine Denkverbote, Janice! Erlaube dir, glücklich zu sein, wenn du glücklich bist!«, sagt sie immer. »Du bist doch viel zu klug, um dummen Vorurteilen zu erlauben, dir die Tiefe der Liebe und des Lebens zu verwehren. Es gibt kein größeres Geschenk auf Erden. Wir sind hier, um zu fühlen. Lebe endlich dein eigenes Leben, entscheide dich, erkenne und erfülle deine wahren Bedürfnisse. Es gibt nur eine einzige wirkliche Entscheidung, die du treffen solltest: Willst du den Rest deiner Tage weiterhin nur im Kopf verbringen oder endlich damit beginnen zu leben?« Und ich glaube, diese Frage würde Emina jedem stellen, der sie auch nur entfernt an mich erinnert.

Inzwischen habe ich einige Etappen auf diesem Weg zurückgelegt – auf dieser Reise vom Kopf zurück ins Herz. Dieser Weg selbst ist das Ziel. Es ist eine bewusste Reise in die unermessliche Tiefe der Schöpfung, die keinen Grund und Boden hat, den man erreichen könnte. Grenzen kennt wohl nur unser Verstand, der ein winziger Teil im Ganzen dieser Schöpfung ist. Ganz gleich, wie groß mein Kopf ist, die wirkliche Welt passt nicht hinein.

Die Reise vom Kopf zurück ins Herz ist eine bewusste Reise in die unermessliche Tiefe der Schöpfung. Grenzen kennt nur unser Verstand, der ein winziger Teil davon ist. In unserem Verstand können wir nie das Unvorstellbare sein, in unserer Angst nie das Unergründliche – das wir aber sind!

In unserem Verstand können wir nie das Unvorstellbare sein, in unserer Gier nie das Unfassbare, in unserer Angst nie das Unergründliche – das wir aber sind!

Wie Wellenberge erheben sich unsere Gedanken mit all ihren Erkenntnissen und Wahrheiten über den Ozean der Wirklichkeit, und wie Wellentäler dringen unsere Gefühle in ihn ein – bis wir uns am Ende selbst wieder ganz in ihm auflösen. Eine Woge nach der anderen erhebt sich und vermisst, berechnet, kartografiert und beurteilt nach ganz eigenem Maßstab den Ozean. Der eine Wellenberg nennt sich »Wissenschaft«, und das Meer ist seine »Welt«; ein anderer nennt sich »Religion«, und das Meer ist sein »Gott«. Aber was kümmern den Ozean schon die Wellen. Er ist all das, und doch ist er nichts davon.

Je mehr uns die Wirklichkeit wieder durchdringen darf, umso tiefer können wir darin eintauchen. Je weniger wir uns dagegen wehren, desto weniger Wellen und Gedanken überrollen uns. Dostojewski schrieb:

Alles ist gut. Der Mensch ist unglücklich,
weil er nicht weiß, dass er glücklich ist.
Nur deshalb. Das ist alles, alles!
Wer das erkennt, der wird gleich glücklich sein,
sofort im selben Augenblick.

In meinem Ruderboot auf dem Atlantik lernte ich meine körperlichen Grenzen kennen, aber es war noch ein langer Weg, mir die Grenzen meiner eigenen Vorstellungskraft und Gedanken zu vergegenwärtigen. Ich war körperlich zurück an Land, aber mein Kopf blieb noch lange auf dem Meer. Sehnte sich dahin zurück und hielt den Alltag nicht aus. Der Ozean war eine Etappe zu mir selbst, aber es ist niemals eine Reise zu sich selbst, wenn man dabei nicht auch zu den anderen Menschen findet und zu einem Frieden im Miteinander.

Sich selbst als etwas Wundervolles zu begreifen ist nur Theater, wenn man das gleiche Wundervolle nicht auch in anderen und überall sonst entdeckt. Es war noch ein langer Weg, um wieder in Kontakt mit meinen tiefsten Bedürfnissen und Gefühlen und damit auch wieder in echten Kontakt mit anderen Menschen zu kommen. Und nur wo ich mich ihnen immer mehr öffnete, öffnete ich mich auch wieder ganz der Wirklichkeit außerhalb meines Kopfes – dieser Welt, die unmöglich in Worte, Vorstellungen, Meinungen, Wahrheiten oder in Gedanken hineinpassen konnte. Und ich begann wieder zu staunen, über das unbeschreibliche Wunder der Schöpfung. Ich fand immer mehr Frieden darin, dass ich die große Freiheit und Möglichkeit wiederentdeckt hatte, den unglücklichen Umständen und schicksalhaften Fügungen die Macht über mich zu entziehen – indem ich die Eigenverantwortung für meine Gedanken und damit über meine Einstellungen wiederentdeckte. Die Meinungen und Urteile, die sich vorher oft verselbstständigt hatten – diese Gedanken, die sich früher um alles drehen wollten, dessen sie nur irgendwie habhaft wurden. Und wenn man nicht aufpasst, dreht man sich irgendwann nur noch um sich selbst, wird selbst zum größten Problem, das der Kopf gern verstehen und lösen möchte.

Ich stellte mich weiter meinen Bedürfnissen und erlaubte mir, mich mit meinen Gefühlen der Wirklichkeit hinzugeben. Das, was sich wirklich gut anfühlte, erlaubte ich mir anzunehmen, und ich ließ los, was mich nicht erfüllte. Raus aus Gedankenschleifen, rein ins Erleben – das ist der einzige Weg, um mit alten Gewohnheiten zu brechen und nicht nur immer und immer wieder gleich zu handeln. Mit der Ehrlichkeit zu mir selbst änderten sich die Umstände von allein. Ich war kein kleines Kind mehr, nicht ausgeliefert, sondern hatte es nun als Erwachsene selbst in der Hand, ob ich die Umstände noch länger erdulden möchte oder endlich etwas in meiner Einstellung verändere, um andere Umstände herbeizuführen. Wer immer das Gleiche tut, wird sich auch in den immer gleichen Umständen wiederfinden.

Die Reise ins zweite Leben

Der oft lange und beschwerliche erste Lebensweg ist ein Weg, auf dem wir anderen Menschen folgen und uns ihren Erwartungen anpassen. Ein Weg, auf dem wir uns mit einem Selbstbild, das daraus erwächst, von unserem wirklichen Selbst entfremden und damit auch vom wahren Selbst der anderen. Wir verinnerlichen oft die Ziele anderer Menschen und vergessen die eigenen. Wir lassen uns von anderen erzählen, wer wir wirklich sind – dabei wissen die, die uns am meisten beeinflussen wollen, oft nicht einmal, wer sie selbst sind. Wir leben dann eben das Leben der anderen, die auch nicht ihr eigenes Leben leben. Wir verinnerlichen ihre Ideale und Ziele, und dann rennen wir auf ihren Wegen zu ihren Zielen und glauben, es wären die eigenen. Und natürlich sind wir dann auch von ihrer Bestätigung und Anerkennung abhängig. Wenn wir stolpern, begreifen wir das als Scheitern und als Versagen vor den anderen.

*Der oft beschwerliche erste Lebensweg
ist ein Weg, auf dem wir anderen Menschen
folgen und uns ihren Erwartungen anpassen.
Der zweite Lebensweg ist der Weg zurück
zu uns, zu unseren eigenen Bedürfnissen.
Es ist der Weg zurück vom Kopf ins Herz.*

Der zweite Lebensweg ist der Weg zurück zu uns, zu unseren eigenen Bedürfnissen. Es ist der Weg zurück vom Kopf ins Herz. Ein Weg, auf dem wir auch erkennen dürfen, dass wir als erwachsene Menschen die eigene Verantwortung darüber übernehmen können, ob wir unabhängig und damit frei und zufrieden sein wollen; ob wir vergeben, vertrauen, lieben und ob wir uns verantwortungsbewusst und rücksichtsvoll selbst verwirklichen wollen – um damit dem eigenen Leben und dem Leben anderer Menschen einen Sinn zu geben. Wir lassen uns und die anderen einfach einmal in Ruhe. Wir leben unser Leben und laden andere ein, daran teilzuhaben. Indem wir unser eigenes Leben leben, inspirieren wir auch andere, es uns gleichzutun. In einer Welt, in der jeder dem anderen erzählen will, wie man glücklich *wird*, sind Menschen, die einfach glücklich *sind* und niemanden überzeugen wollen, am authentischsten. Ein zufriedener Mensch bettelt nicht um Aufmerksamkeit, er ist schlicht im Einklang mit sich selbst und seinem Leben und strahlt das auch aus.

Das zweite Leben ist ein Weg, den wir bewusst gehen. Es ist ein Weg, auf dem man die Verantwortung für das eigene Denken und Handeln erkennt – und die Entdeckung des freien Willens.

Es ist der Weg der Demut, des Vertrauens, der Dankbarkeit und vor allem: des großen Staunens über uns und die Schöpfung – ohne immer den grauen Filter des Urteils zwischen die Wirklichkeit und unser Gefühl schalten zu müssen. Es ist ein Weg, den man achtsam geht, Schritt für Schritt!

Es ist oft schwer, die ungefilterte Wirklichkeit zu ertragen. Es ist geradezu kaum auszuhalten, einmal ohne Ziele und Erwartungen zu sein und nichts anderes zu tun als das, was ist, zu erleben und sich einfach nur von der Unfassbarkeit, vom Wunder des Seins durchfluten zu lassen … und sich hinzugeben.

ZWEITES KAPITEL

Die Entdeckung des Unterwegs

*»Wir machen uns oft so viele Gedanken
darüber, wo wir herkommen und wo wir
hinwollen, dass uns gar nicht mehr bewusst ist,
dass wir jetzt hier sind.«*

IM NOVEMBER 2015 saß ich mit meinem Freund Jens bis in die frühen Morgenstunden unter der großen Trauerweide am Heidelberger Neckarufer. Die Kälte kroch mir als Bodenfrost von unten durch den Schlafsack. Jens hatte eine Flasche Rotwein dabei, ich brachte etwas Marzipanschokolade und ein Päckchen Zigaretten von der Autobahntankstelle mit, so fror es sich besser. Zwei alte Seelen trafen sich auf der Durchreise in Heidelberg, beide unterwegs auf ihrem ganz individuellen Weg in Richtung »Irgendwo anders«. Lebenswege, die sich auch in vielen gleichen Erfahrungen und Einsichten kreuzten, nicht nur auf Straßen und Wiesen. Jens ist eigentlich Buchhändler, und er steht, so sagt er, seinen Mann in der Familie und im Laden: Er steht immer zur Verfügung und steht zu seiner Verantwortung und seinen Pflichten.

Aber vor einem knappen halben Jahr stand er auf und zog die Wanderschuhe an. Zu der Zeit, in der ich dieses Buch schreibe, läuft er für ein Jahr ohne Geld durch unser Land, das er nun aus der Perspektive eines Wanderers und in Schrittgeschwindigkeit kennenlernen möchte. Unterwegs liest er anderen Menschen Texte vor, die ihn selbst inspiriert haben, und er schreibt auch über seine Erlebnisse und Gedanken. Ganz sicher will er sich auf dieser Reise auch selbst ein Stück weit neu begegnen und kennenlernen.

In nur einem Satz fasst Jens in dieser kalten Nacht alle seine Gedanken zusammen:

Der Mensch ist am schönsten,
wenn er sich hingibt.

Dieser Satz entkorkt bei mir im Körper ein großes Fass Endorphine. Nichts hatte mich in den letzten Wochen vor unserer Begegnung mehr beschäftigt als dieses Wort »Hingabe« – und in seinem Satz sehe ich alle meine Gedanken wunderbar zusammengefasst. Schöner kann man es nicht ausdrücken, finde ich.

Bedeutet völlige Hingabe und damit Vertrauen aber nicht immer einen kleinen Selbstmord des Egos, dieses Kontrollfreaks im Kopf? Muss es nicht seine Pläne und Sorgen loslassen, um in den Augenblick hineinzufallen? Ist Hingabe möglicherweise ein »heiliger« Akt, durch den man sich der Wirklichkeit ausliefert? Bereit, Kontrolle und Macht loszulassen und demütig zu sein, sich bewusst hinzugeben, aber eben nicht zwangsweise auszuliefern? Jens und ich sind uns jedenfalls hierin einig. Aber dazu braucht es eben viel Mut und Vertrauen. *Demut* braucht Mut und Vertrauen! Und nur wo man sich hingibt, findet man auch den Zugang zu wirklichen Bedürfnissen und erkennt, worin man sich tatsächlich verwirklichen möchte und worin nicht mehr.

> »Der Mensch ist am schönsten, wenn er sich hingibt.« Nur wo man sich hingibt, findet man Zugang zu seinen wirklichen Bedürfnissen. Und wenn unser eigenes Herz erst einmal richtig für uns und unsere Leidenschaft schlägt, dann schlagen die Herzen der anderen Menschen in unserem Takt.

Wenn unser eigenes Herz erst einmal richtig für uns und unsere Leidenschaft schlägt, dann schlagen die Herzen der anderen Menschen auch in unserem Takt – für uns und für das, worin wir uns verwirklichen. Dann stecken wir andere an mit unserer Leidenschaft. Und wenn unser Herz irgendwann aufhört zu schlagen, dann ist alles, was bleibt, das, was wir in der Welt erschaffen und bewirkt haben und was die Herzen derer, die uns überleben, weiterhin höher schlagen lässt. So überdauert unser Herzschlag die Zeit. Alles andere ist für immer verloren.

All unsere klugen, aber unverwirklichten Gedanken sind ebenso wie unsere Ängste bedeutungslos, wenn wir sterben, all unsere Meinungen und vermeintlichen Wahrheiten und zementierten Standpunkte wird die Zeit auslöschen. Neue Wahrheiten werden an ihre Stelle treten.

Was ist also so schlimm daran, heute einfach mal anderer Meinung zu sein als gestern oder die letzten dreißig Jahre? Etwas Verrücktes zu wagen, sich völlig anders zu verhalten, zu rebellieren – statt sich am Ende zu spät zu freuen. Vielleicht einfach mal die Socken verkehrt herum anziehen, aus Protest gegen Regeln und Gewohnheiten? Und zwar so lange, bis man rebellisch genug ist, auch mal da »Nein!« zu sagen, wo man viel zu lange »Ja!« gesagt hat – oder um endlich einmal »Ja!« zu sagen, wo uns bisher bestenfalls ein »Vielleicht?« oder ein »Irgendwann!« über die Lippen kroch.

Lieber barfuß als zu schnell

Als Jens vor etwa einem halben Jahr in seiner Heimatstadt Harpstedt aufbrach, hatte er einen Kopf voller Ziele, und jeden Morgen, als er aus dem Schlafsack kroch, machte er sich mannigfaltige Gedanken darüber, wohin ihn der Weg wohl am Abend führen würde, ob er auch genug zu essen finden und wem er alles begegnen würde. Ich selbst hätte mich sicher darum gesorgt, wo ich einen Föhn finde, aber ich bin ja auch nicht Jens. Ich hatte sogar auf dem Atlantik einen Zwölf-Volt-Föhn dabei, von dem keiner wusste, aber Haare waschen konnte ich ja doch nicht.

»Je länger ich unterwegs war«, so zündete Jens das nächste kluge Gedankenfeuerwerk, während er mir die Weinflasche herüberreichte, »je länger ich unterwegs war, desto mehr fand ich ins Vertrauen zu mir selbst und auch in ein großes Urvertrauen der Schöpfung gegenüber. Ich lief morgens einfach los und ließ mich überraschen. Und was dann passierte und wie sich die Begegnungen und Ereignisse fügten, hätte ich ohnehin vorher nicht zu träumen gewagt.« Er gibt sich nun dem Weg hin, ist demütig geworden und vertraut. Und der Weg vertraut auch ihm Großes an. Er setzt einfach einen Fuß vor den anderen, geht bewusst, und vor allem geht er achtsam. Und so bemerkt er auch, wie er und sein Denken sich entschleunigen, beruhigen und befrieden, und warum es ganz plötzlich auf einmal funktioniert mit der Dankbarkeit und der Zufriedenheit. Und er ist dankbar für jeden neuen Tag, den er unterwegs sein darf, ganz gleich, wohin der Weg ihn führt und womit er ihn beschenkt.

In der leistungsorientierten und zielstrebigen Gesellschaft, zu der wir alle gehören, in der alles einen Grund und einen Sinn braucht, wird auch die Zufriedenheit selbst schnell nur noch zum Ziel und die Suche danach zum einzigen Lebenssinn.

Zufrieden zu sein bedeutet nicht, nur in der Ferne anzukommen – es bedeutet, bewusst zu reisen und hier und jetzt mit seiner Aufmerksamkeit präsent zu sein. Zufriedenheit erwächst da, wo Herausforderungen in der Gegenwart angepackt werden, wo man das eigene Leben in die Hand nimmt und sich von vagen und wirren Zielvorstellungen anderer Menschen nicht mehr anstecken lässt. Wo die Einstellung nicht nur von ungünstigen Fügungen des Schicksals und den Umständen abhängig ist, sondern auch von der Einstellung. Wo man sich von einem Opfer der Umstände und Abhängigkeiten hin zum Schöpfer des eigenen Lebenssinns verwirklicht.

So viele Parallelen, die Jens und mich verbinden. Die Erkenntnisse, die er auf seinem Wanderweg sammelt, decken sich mit meinen eigenen Erfahrungen, die ich allein auf dem Ozean gesammelt habe. Auch ich hatte mir da draußen jeden Morgen so viel vorgenommen, aber dann klatschten mir die oft haushohen Wellen wie Ohrfeigen ins Gesicht und schlugen mir alle Pläne und Hoffnungen schnell wieder aus dem Kopf. Die Natur rang mich psychisch und physisch nieder, jeden Tag durchlebte ich eine neue Krise, jeden Morgen ließ sich das Meer eine neue Tortur für den Tag einfallen. Ich ließ alle Erwartungen los, nahm es an, wie es kam, und ruderte einfach, und ruderte, und ruderte, bis ich wieder Land sah. Ich machte meinen Frieden mit den Höhen *und* den Tiefen auf einem launischen Ozean, trat einen Schritt zurück und ließ beides gewähren, wo doch das Gute nicht ohne das Schlechte sein kann.

Und je länger ich ruderte, umso achtsamer wurde ich gegenüber meinen Gedanken, und umso stiller. Und ich begann die Musik der Welt wieder hören. In meinem Schiffstagebuch hielt ich am 1. Februar, drei Wochen vor Ankunft in Barbados, fest:

Das Leben ist Liebe, ist Musik, mit Höhen und Tiefen, in allen Tonlagen und Tonarten – ist die Komposition, die um den Liedertext herum geschrieben wird. Dieser Text, das ist meine Geschichte, die ich besinge. Alles braucht doch eine Geschichte, oder? Nur wenn ich nicht achtsam bin, nicht aufpasse, was ich da so vor mich hin trällere, erklingen immer mehr Moll-Akkorde im Hintergrund, ganz von allein. Heute, am Morgen des 71. Tages, bin ich aber achtsam, lehne mich zurück und genieße hier an Deck ein großes klassisches Meisterwerk in einem hellen, klaren, nassen Fis-Dur, ganz wie in Felix Mendelssohn Bartholdys »Venetianischem Gondellied«.

Ein Leuchtturm des Vertrauens

Ich werde nie diese Nacht vergessen, als ich zum ersten Mal begreifen durfte, was Hingabe, Vertrauen und Demut wirklich bedeuten und welche Kraft ihnen innewohnt. Es war die Nacht, als ich zum ersten Mal auf dem Ozean die Kontrolle über meine Zukunft und alle Sicherheiten verlor – als ich einfach nicht mehr weiterwusste und jede Erwartung und Hoffnung abgab, losließ, mich dem Schicksal hingab, mich dem Meer ergab.

Am Horizont im Norden blitzte gelegentlich noch der gewaltige Leuchtturm am Kap Sankt Vinzenz auf. Sein Leuchtfeuer warnte mich eindringlich vor der südlichen Steilküste Portugals, und es mahnte mich, weiter nach Süden zu rudern, denn ich lief Gefahr, mit meinem Ruderboot an den Klippen zu zerschellen. Mit meinem großen beleuchteten Kompass vor der Nase ruderte ich in die Nacht hinein, trotz der Schmerzen, trotz der Erschöpfung. Es blieb keine Zeit, um mich auszuruhen, an Schlaf war auch in dieser zweiten Nacht nicht zu denken. Die einzigen Ziele waren, durchzuhalten und die Kompassnadel auf Süden zu bringen. Noch war ich nicht weit genug von der Küste entfernt, und vor meinem Bug kreuzten nun immer mehr Schiffe. Über dreihundert Meter lange Tanker und Frachter auf dem Weg zur Straße von Gibraltar. Dass es keine sonderlich brillante Idee war, durch die meistbefahrene Schifffahrtsstraße der Erde zu rudern, und das auch noch nachts, das wusste ich, aber ich hatte keine Wahl mehr, der Wind und die Strömungen trieben mich direkt hinein.

Zufriedenheit stellt sich nicht ein, wenn man irgendwo in der Ferne ankommt. Zufriedenheit erwächst da, wo man bewusst reist, wo man Herausforderungen in der Gegenwart anpackt und das eigene Leben in die Hand nimmt.

Wellen, Wellen, Wellen – was habe ich auch anderes erwartet –, vier bis fünf Meter hoch, eine nach der anderen schlägt über die Bordwand und mir ins Gesicht. Eiskaltes Wasser läuft mir die Wangen herunter, eiskalter Wind leckt sie ab. Und ich habe schreckliche Angst. Angst vor der Dunkelheit und erst recht vor dem, was sich darin verbergen könnte – vor der See, vor den Schiffen, vor dem Land und natürlich vor mir selbst. Dass ich so verrückt sein konnte, das überhaupt zu riskieren, wo ich doch nicht einmal gut schwimmen kann! Schrecklich seekrank bin ich auch noch. Mir ist schrecklich schlecht, bis in die kleinste Zehe hinein ist mir kotzübel. Nach und nach verliere ich die Orientierung, meine Sinne spielen ganz großes Theater. Mein Ruderboot »Bifröst« – dieser Name steht in der nordischen Mythologie für eine schwankende Regenbogenbrücke, die Himmelreich und Erdenwelt verbindet – krängt und schaukelt in den

Wogen. Es dreht sich ständig, einmal ist der Leuchtturm vor dem Bug, ein andermal vor dem Heck. Ich scheine mich eher in der Hölle zu befinden, *zwischen* Himmel- und Erdenreich, aber wenigstens vierunddreißig Stunden habe ich durchgehalten und mich zusammengerissen.

Doch in der zweiten Nacht passierte es dann: Ich gab auf und sank an Deck vor dem Rudersitz auf die Knie. Ich habe mehr als zwei Jahre gebraucht, um wirklich zu verstehen, was in diesem Moment eigentlich passiert ist, und um darüber zu sprechen. Da war so viel Angst, und dann kam die Angst vor der schrecklichen Angst und irgendwann die nackte Panik. Eine Panikattacke jagte die nächste – schwere Atemnot, Herzstolpern, jedes Mal wie ein Infarkt, als ginge es jetzt endgültig zu Ende. Gegen die Seekrankheit hatte ich Medikamente an Bord: Wirkstoffpflaster, die man sich hinter die nassen Ohren klebt, und Tabletten, die man sich einwirft, bis man sie irgendwann wieder auskotzt, ohne zu wissen, ob man nun gleich eine weitere nachwerfen sollte oder besser doch nicht. Aber wenn es einem so schlecht geht und man ohnehin keinen klaren Gedanken mehr fassen kann, wirft man eben eine nach der anderen ein. Die durchaus psychoaktiven Wirkstoffe, die sich in vergleichbarer Form auch in Tollkirschen, Stechäpfeln und Alraunen finden, zeigten bald die zu erwartenden Nebenwirkungen. Ich habe massive Halluzinationen, auch meine Eltern sind jetzt an Bord, mal rudere ich, mal rudert jemand anders, und das erscheint alles irgendwie sinnvoll. Das Bewusstsein entschwindet mir aber immer wieder komplett. Oft ist mir überhaupt nicht mehr bewusst, dass ich in einem Ruderboot sitze, knie oder liege, das wie eine Eierschale von den Wellen herumgeworfen wird und immer wieder auf der Seite liegt.

In dem Moment, in dem wir unser Schicksal einer höheren Instanz anvertrauen, sei es dem Leben, der Natur, dem Meer oder Gott, in ebendiesem magischen Moment, in dem wir aufhören, gegen Angst und Verzweiflung zu kämpfen, verschwinden sie. Gefühle von Frieden und Erlösung finden Raum, wo uns vorher viel zu viele Gedanken aufwühlten.

Nur ab und zu holen mich der Radaralarm, der vor anderen Schiffen warnt, oder Funksprüche auf dem Notrufkanal kurzzeitig wieder in die Realität zurück. Dann gelingt es mir zwar noch, den Kapitänen auf den anderen Schiffen zu erklären, warum ich hier in meinem Boot herumtreibe, aber umgehend steigt auch wieder die Panik vor dem Kontrollverlust in mir auf. Ich beherrsche nicht einmal mich selbst mehr, geschweige denn dieses Boot. Und es gibt nichts, was ich daran ändern könnte. Ich bemühe mich nach allen Kräften, wieder zu funktionieren und mich gegen die Panikattacken zu stemmen, bis ich einfach keine Kraft und überhaupt keine Hoffnung mehr habe. Dann gebe ich auf.

»Ich kann nicht mehr, ich weiß nicht mehr weiter! Entscheide du, Meer, ob ich das überlebe!«

In ebendiesem Moment, wo ich mein Schicksal einer höheren Instanz anvertraue, die Kontrolle in die Hände des Meeres lege, wo ich aufhöre, gegen Todesangst und Verzweiflung zu kämpfen, verschwinden sie. Als wäre der Kampf gegen Angst und Kontrollverlust der Brennstoff, der die Angst befeuert, bis sie sich in einer Stichflamme zur Panik entwickelt. Obgleich die Umstände die Hölle sind, macht sich tiefer Friede in mir breit, sowie ich jedes Ziel loslasse, meine Einstellung verändere und meine letzten Hoffnungen und Idealvorstellungen begrabe. Demnach wäre Aufgabe auch Hingabe. Ein Gefühl der Erlösung, wie ich es niemals zuvor erlebt habe. Dass man so etwas erleben und sich so frei und leicht fühlen kann, hätte ich mir nicht einmal vorstellen können. Die ganze Lebenslast aus vierunddreißig Jahren fällt in diesem Augenblick von meinen Schultern ab. Ich habe Gefühle im Bauch und im Herzen, die nicht von dieser Welt zu sein scheinen, als wäre ich nichts als Energie, die pulsiert, ein Feld, das bebt, Elektrizität, die schwingt.

Unbeschreiblich. Ich war frei, und alles fügte sich. Für ein paar Stunden jedenfalls. Mit jedem weiteren Tag auf dem Meer ließ ich mehr Erwartungen los, und trotz aller Umstände, Stürme und Wellen, trotz aller Einsamkeit war ich erfüllt, frei und vor allem »zufrieden«. In meinem Schiffstagebuch notierte ich:

Wenn ich in Gedanken nichts anderes mehr
sein will, bin ich das, was übrig bleibt. Bin das,
was den Verstand übersteigt – ohne Weil!,
ohne Warum? –, bin bedingungslos. Was immer
mein Kopf daraus machen will: Gott, Liebe, ein
Wunder, das eigentlich gar nicht sein kann.

Wir wollen uns vielleicht oft gern hingeben, haben aber Angst, uns dabei auszuliefern, aufzugeben und selbst zu verlieren. Doch das sind auch nur Gedanken, die einer unwirklichen Gedankenwelt aus Ängsten und Sorgen entspringen, einem Theater der Vergangenheit und Zukunft. Wer zukünftig etwas Neues erleben will, muss nicht sofort alles Alte loslassen. Doch nur wenn wir uns dem Gegenwärtigen einmal ganz und mit allen Sinnen und Gefühlen hingeben, begreifen wir, was wir davon festhalten wollen und was wir endlich loslassen sollten.

Um Gottes willen, bloß nicht Gott!

Als ich damals in Portugal an Bord ging, befanden sich in meinen Seesäcken auch einige Bücher und ein E-Reader für digitale Dokumente. In meiner romantischen Vorstellung sah ich mich allein auf dem Ozean mit einem guten Buch in der einen und einer Tasse Tee aus der Thermoskanne in der anderen Hand. Besonders hatte ich mich auf die Geschichten von Schiffbrüchigen gefreut, die monatelang auf dem Meer trieben – wo könnte man so etwas besser lesen als allein in einem Ruderboot auf dem Atlantischen Ozean, Tausende Kilometer vom Festland entfernt und Tausende Meter vom Meeresgrund. In der Praxis gestaltete sich das Lesen aber schwierig. In den mindestens drei bis fünf Meter hohen Wellen ist schon Teetrinken kein Spaß mehr, geschweige denn Teekochen in bis zu acht Meter hohen Wellen. Überhaupt war zu Beginn der Reise kaum daran zu denken, viel zu lesen. Schon nach wenigen Zeilen drehte sich mir der Magen um, wenn ich mich darin versuchte, das Buch ruhig zu halten und die Buchstaben zu fokussieren. Die ersten Wochen hatte ich schon genug Probleme damit, Notizen für mein eigenes Buch, das ich schreiben wollte, aufs Papier zu bringen und das Logbuch ordnungsgemäß auszufüllen. Ich begann also, äußerst selektiv zu lesen, und war überrascht darüber, dass die meisten Bücher, die ich selbst ausgesucht hatte, mich überhaupt nicht mehr interessierten. Nach meiner Erfahrung mit der Überdosis an

Medikamenten während dieser unfassbaren Nacht vor der Südküste Portugals warfen sich plötzlich gänzlich neue Fragen in mir auf. Und Antworten fand ich in Büchern, die nicht ich, sondern Freunde für mich eingepackt hatten – in der Hoffnung, dass ich auf dem Ozean den Zugang zu den Texten finden würde.

Wenn vor zehn Milliarden Jahren auch nur ein einziges Photon einen einzigen Millimeter weiter rechts geflogen wäre, wären wir alle heute nicht hier. Wir sollten jeden Morgen voller Dankbarkeit über dieses unverschämte Glück und Geschenk des Lebens aus dem Bett springen.

Und da ich sowohl Christen als auch Buddhisten und Hindus zu meinen Freunden zähle, fanden sich an Bord Texte aus der Bibel, buddhistische Sutren, Zen-Bücher, Auszüge aus den Upanishaden … querbeet alles aus den verschiedenen Weltreligionen und spirituellen Strömungen. Die erste Überraschung war: Auf dem Ozean klingen die meisten Texte ähnlich. Sie beschreiben alle das Gleiche, so empfand ich es, bedienen sich einfach nur unterschiedlicher Umschreibungen, um etwas zu erklären, was eben nicht zu erklären ist. Etwas, was erfahren werden kann, aber nicht verstanden. Auch fand ich in allen diesen Büchern vage Umschreibungen von Zuständen, wie ich sie selbst auf dem Ozean erlebte und die ich mir nicht erklären konnte: als ich in der Schifffahrtsstraße vor der Küste Portugals aufgab, einfach kapitulierte, oder als ich im Wasser von einem vermeintlichen Hai angerempelt wurde; als ich dem Wal, der mich zwei Wochen lang begleitete, ins Auge schauen durfte oder als ich am Ende meiner Ruderreise wieder an einem Steg anlegte und erschöpft vom Rudersitz fiel.

Dieses Gefühl von Wunder und Zauber, von unendlicher Freiheit, Stille, Frieden, Unbegreiflichkeit, Hingabe, Auflösung und Erlösung, dieses Gefühl von kosmischer Verbundenheit, als wären meine Synapsen im Gehirn direkt mit dem ganzen Universum, mit der ganzen Schöpfung verdrahtet. In meinen größten Krisen da draußen auf dem Meer erlebte ich zum ersten Mal, wozu mein Bewusstsein wirklich in der Lage war, und machte Erfahrungen, die nicht mehr in die begrenzten Vorstellungen meines Verstandes passen wollten. Die sich mit den paar Tausend Worten, die ich dachte und sprach, einfach nicht beschreiben ließen. Sie kommen zu einem wie die Gnade der Schöpfung, und danach kann man die frühere Normalität, die einstigen Ziele und Erwartungen an das Leben nicht länger rechtfertigen. Dann beginnt das Abenteuer, dass der Verstand sich eine neue Normalität suchen muss, und das möglichst, ohne dieses schreckliche Wort »Gott« dabei überstrapazieren zu müssen, das schon genug Religionen zu sehr überstrapaziert haben. »Der erste Trunk aus dem Becher der Naturwissenschaft macht atheistisch; aber auf dem Grund des

Bechers wartet Gott«, soll der Physiker und Nobelpreisträger Werner Heisenberg gesagt haben. Auch wenn das Zitat umstritten ist, kamen doch viele seiner Kollegen zweifellos zu ähnlichen Schlussfolgerungen – egal, ob sie Christen, Juden, Muslime, Buddhisten oder Hindus waren, ganz gleich, ob sie diese Schöpfungskraft nun Gott, Urgrund, Wirklichkeit, Schöpfungsgeist, Allvater, Brahman oder Allah nannten.

Insbesondere die Biografie von Robert Oppenheimer, dem »Vater der Atombombe«, einem der klügsten Wissenschaftler, der wohl je gelebt hat, ließ mich auf dem Ozean nicht los. Als er begonnen hatte, aus hinduistischen Texten wie der Bhagavad-Gita zu zitieren und den Wahnsinn eines atomaren Wettrüstens infrage zu stellen, hatte man ihn kurzerhand aus dem Atomprogramm geworfen und ihn als Dissidenten kaltgestellt. Für Wunder und Göttlichkeit gab es keinen Platz in einer Welt, in der Menschen Gott spielen wollten. Was kümmert den die Wirklichkeit, der nur recht haben will.

Bisher waren »Gott« und alles Göttliche tabu für mich! Und ich glaube, für viele von uns ist es ein Tabu geworden. Aus vielerlei Gründen, die eigentlich mit Göttlichkeit gar nichts zu tun hatten, sondern mit den Menschen, die sich allerlei Gedanken über Gott oder Gotteswahn machten und die mich damit geprägt hatten. Auf der einen Seite, weil ich als Kind in der DDR aufwuchs, wo mir schon in der Schule permanent vergegenwärtigt wurde, dass der Glaube an etwas Unerklärliches bedeute, ausgeschlossen und ausgegrenzt zu werden. Auf der anderen Seite, weil die Art und Weise, wie die religiösen Dogmen von den Kirchen verbreitet wurden, oft mit meinem Gewissen kollidierten, zumindest so, wie ich sie damals kennengelernt hatte. Nicht zuletzt war es die Naturwissenschaft – die oft für sich die Wahrheit in Anspruch nahm, dass alles zu ergründen sei –, die dem Glauben an etwas Unergründliches auch immer eine gewisse Dummheit und Naivität unterstellte. Und naiv und dumm wollte ich sicher nicht sein.

Das Wunder, jetzt hier zu sein, wird niemals in den Kopf und seine Gedanken passen. Es hat keinen Sinn, keinen Zweck, keinen Grund; ich bin einfach da und darf meinem Leben einen Sinn geben und mich verwirklichen. Nur im Erleben und im Handeln in der Wirklichkeit lässt es sich mit alten Gewohnheiten brechen, und allein dann sind Veränderung und Wachstum möglich.

Das alles führte mich so weit von jedem Gott weg, dass ich mich mit den Gottesvorstellungen fernöstlicher Philosophien, der Mystik oder anderen spirituellen Richtungen erst gar nicht auseinandersetzen wollte. Der christliche Gott war mir schon zu viel. Auf meinem Schreibtisch

stand zwar eine Buddha-Figur als praktischer Briefbe-
schwerer, und Meister Eckhart war immer mal wieder
für einen knackigen Kalenderspruch gut, aber viel mehr
war da nicht. Nach Opiumstäbchen oder Weihrauch
duftete es nur in der Wohnung, wenn meine Freundin
von einer Geschäftsreise zurückkehrte und ich unterdessen heimlich in der Stube geraucht hatte. Mein Bewusstsein oder irgendwelche Chakras, Auren und Zirbeldrü-
sen wollten sich auch nicht von selbst öffnen, also hielt
ich die Augen offen und glaubte nur an das, was ich sah.

Weder das Verstehen noch die Vorstellung, sondern
nur das eigene Erleben, das Erfahren, dass hinter dem
Horizont meines Weltbildes noch etwas anderes passiert,
zog mir die grauen Vorhänge vor den Augenlidern weg.
Je weniger ich die Schöpfung beurteilte, umso mehr
durchdrang sie mich. Begreifen ist auch erleben, nicht
nur verstehen. Und erst im Erleben konnte ich wieder
begreifen, wer ich selbst eigentlich wirklich bin. Gefühle
passen nicht in Gedanken, »Mensch« ist nur ein Wort,
eine Vorstellung, eine Abstraktion. Aber das Wunder,
jetzt hier zu sein, wird niemals in diesen Kopf und seine
Gedanken passen! Es hat keinen Sinn, keinen Zweck,
keinen Grund; ich bin einfach da und darf meinem Leben einen Sinn geben und mich verwirklichen – und das
auch gern mithilfe von wirklich klugen, weil verantwor-
tungsbewussten und liebevollen Gedanken. Nur im Erleben und im Handeln lässt es sich mit alten Gewohnheiten brechen und das Gegenwärtige aus einem anderen

Blickwinkel betrachten, und allein dann sind Veränderung und Wachstum möglich. Wir erleben nur das Glück, das wir schon kennen – und es wird immer schwerer zu erinnern sein, je weiter es zurückliegt. Ich erlebte jetzt einfach etwas anderes, und es zwang mich dazu, meine Vorstellungen von Freiheit, Zufriedenheit, Glück und Liebe zu überdenken.

Staunen und Schweigen

Ich konnte nach diesen Erfahrungen auf dem Meer nicht mehr so weitermachen wie bisher. Ich hatte ja keine Ahnung gehabt, dass man derart mit sich und mit der Welt im Frieden sein kann – und so berührt! Oder hatte ich das einfach vergessen, als ich erwachsen wurde? Ich habe so viele erwachsene Menschen getroffen, die alles über die Liebe und das Glück wussten, aber in tristen Einzimmerappartements lebten und jeden Tag das Gleiche machten. So wie ich auch, lange genug. Früher waren die Naturwissenschaften und die Logik meine einzigen Religionen, mit Glauben, Urvertrauen oder irgendwelchen Göttern wollte ich nichts zu tun haben. Statt Weihwasser zu trinken, schluckte ich halt Pillen; statt vom Pfarrer in der Kirche ließ ich mir von Ärzten in Kliniken über das ewige Leben, die ewige Jugend und Gesundheit predigen. Erlösung versprach die Werbung in Zeitschriften, Fernsehprogrammen und im Internet.

Ich verstand so vieles, doch ich begriff nicht, was mir wirklich fehlte. Ich hätte mir einfach nicht vorstellen wollen, dass ich meine vielen Wahrheiten und mein Vorstellungsvermögen selbst einmal grundsätzlich infrage stellen müsste, um zurück zu meinen »Sternen« und Bedürfnissen zu finden.

Die abenteuerlichste Reise unseres Lebens: heraus aus dem Kopf, hinein in sich selbst, ins Herz, in die Gegenwart, in die eigenen Gefühle. Der Weg zu sich selbst ist auch der Weg in die Wirklichkeit, zu »Gott« - oder wie immer man es benennen will.

Das war der Beginn der abenteuerlichsten Reise meines Lebens – heraus aus dem Kopf, hinein in mich selbst, ins Herz, in die Gegenwart, in meine Gefühle. Der Weg zu uns selbst ist auch der Weg zurück zum Urgrund, zur Wirklichkeit, zu »Gott«. Wie immer man es benennen will.

Aber man muss nicht alles benennen und verstehen können. Wer sich einfach erst einmal ganz satt essen würde an dem, was jetzt hier ist, wer sich einfach hingeben würde, der muss sich auch nicht sofort am Unverdaulichen den Magen verderben, was es denn nun sein oder nicht sein könnte – wo es eigentlich herkommen oder was daraus mal werden könnte.

Wenn ich heute auf der Bühne stehe und von Demut, Hingabe und wirklichem Vertrauen spreche, dann füge ich immer den gleichen Satz hinzu: Ich glaube, dass es völlig egal ist, vor was oder wem man demütig ist oder wem man ab und zu vertrauensvoll sein Schicksal in die Hände legt – um einfach Kontrolle abzugeben, Sicherheiten und Erwartungen loszulassen, sich hinzugeben! Ob dem Meer, der Schöpfung, der Natur, dem Partner, anderen Menschen, einer höheren Macht, einem »Gott«, einem Blatt Papier oder einer Leinwand – das ist völlig einerlei. Und wenn schon Gott, dann ist ohnehin alles Gott, oder? Dann ist es egal, ob unsere Religion die Liebe, die Seefahrt, das Wissen, das Malen oder sogar das Denken ist. In der Hingabe und der Dankbarkeit dafür, überhaupt wissen, malen, lieben oder auch rudern zu können, führt wohl jeder Weg ans gleiche Ziel – das wir spätestens am Ende unseres Lebens finden, wo wir uns »aufgeben« und dem Tod hingeben müssen. Aber will man so lange warten, um Hingabe zu lernen?

Im Sommer des Jahres 2015 war ich in Leipzig Gast einer Veranstaltung, die sich eigentlich ganz nüchtern um mein Ruderabenteuer drehte und um ganz profane Fragen wie: »Darf man Sachbücher überhaupt als ernst zu nehmende Literatur bezeichnen?« Am Schluss stand ein Mann aus dem Publikum auf und stellte mir dennoch eine ganz profunde Frage, die mir so direkt und klar noch nie jemand gestellt hatte: »Frau Jakait, würden Sie sagen, dass Sie auf dem Meer Gott gefunden haben?«

Bis dahin hatte ich mir nie Gedanken darüber gemacht, unter welchem Namen ich meine Erfahrung abheften könnte. Ich warf zwar oft mit allgemeinen Begrifflichkeiten wie »Göttlichkeit«, »Schöpfung« oder »Wunder« um mich, vermied aber jeden klaren Standpunkt und jede Konfrontation. An diesem Tag jedoch nahm ich das erste Mal das Wort »Gott« in einem schwammigen Satzkonstrukt öffentlich in den Mund: »Ja, ich denke schon, dass ich auf irgendeine Art zu Gott gefunden habe.« Auch wenn ich natürlich sofort weiter relativierte: »Aber keinen mit grauem Bart – eher einen Gott in Anführungszeichen!«

Die Wirklichkeit ist einfach, hier, jetzt, bedingungslos – frei von Meinungen, Urteilen und Sinn, der Himmel auf Erden sozusagen. Jeder Weg, der die Wirklichkeit oder Gott zum Ziel hat, ist nur ein Umweg, wir sind längst da. Die Wirklichkeit ist das, was übrig bleibt, wenn alle Gedanken darüber schweigen.

Vier Monate später in Frankfurt, nach einem Dialog mit dem Bistum Limburg, war ich schon mutiger und hatte mir inzwischen wirklich einmal Gedanken dazu gemacht, was ich eigentlich gefunden habe: »Nein, ich habe Gott nicht *gefunden*. Sowohl unsere Kirchen als auch die Naturwissenschaften haben mich persönlich viel zu weit von jedem Gott entfernt, als dass ich hätte einen finden können. Ich habe ihn nicht gefunden, nein! Aber etwas hat *mich* gefunden! Und erst als ich aufhörte, Gott in meinen begrenzten Vorstellungen zu suchen oder vor meinen eigenen Vorstellungen über irgendwelche Götter wegzulaufen. Ich habe ›Gott‹ als etwas erfahren, was die Mauern aller Kirchen und Tempel dieser Welt und die kompliziertesten Gedankengebäude durchdringt. Gott ist mehr als jede Wahrheit und alle Lügen zusammen. *Mein Gott ist die ›erfahrene Wirklichkeit‹ und das Staunen und das Schweigen darin.* Und vor allem fand die Wirklichkeit, dieser ›Gott‹, zu mir in den Menschen, die an mich glaubten und mir die Kraft dazu gaben, meine Vorstellungen endlich zu begraben. Die mir ihre Lebenszeit schenkten, mir zuhörten und mich einfach so ließen, wie ich bin. Mein Gott ist da, wo man sich hingibt, und damit ist er auch in uns selbst. Die Wirklichkeit, mein Gott, ist kein Ziel, das man finden kann, und kein albernes Gequatsche in Büchern, über das man sich jahrhundertelang streitet. Die Wirklichkeit ist über jede Interpretation erhaben, und ganz gleich, wie viele Generationen von Menschen mit ihren Überlieferungen und Deutungen Stille Post spielen, die Wirklichkeit bleibt einfach die Wirklichkeit.

Die Wirklichkeit ist einfach, hier, jetzt – frei von Meinungen, Urteilen und von Sinn oder Unsinn, der Himmel auf Erden sozusagen. Und wenn diese Wirklichkeit an der eigenen Haustür klingelt, flüchtet sich die Fantasie manchmal erst in irgendeinen dunklen Keller, bevor sie sie einlässt. Darum ist es auch so wichtig, Licht da unten zu machen. Das habe ich getan, ich habe mich meinen Dämonen gestellt. Mehr kann ich nicht tun, der Rest passiert von allein. Jeder Weg, der die Wirklichkeit, oder Gott, oder die Gegenwart zum Ziel hat, ist nur ein Umweg, wir sind längst da. Die Wirklichkeit ist das, was übrig bleibt, wenn Urteile und Erwartungen losgelassen werden. Jeder kann glauben, was er will – ich selbst will erfahren und nichts mehr glauben. Ich will erfahren, wer ich bin, und es mir nicht von meinen Gedanken, anderen Menschen oder Büchern erzählen lassen.«

Die, die wissen, reden nicht

Wo ist er aber dann, dieser Gott, wenn man ihn einmal braucht? Die Christen beten zum Himmel, die Muslime gen Mekka, die Buddhisten schweigen in alle Himmelsrichtungen. Ist Gott über uns, unter uns, vor uns? Ist Gott alles und damit vielleicht doch auch in uns selbst? Ich habe keine Ahnung! Und ich glaube, das ist die einzige richtige Antwort: Dann ist die Wirklichkeit einfach nur so, wie sie ist.

»Das Dao, von dem man sprechen kann, ist nicht das ewige Dao«, sagen die Daoisten. »Wer glaubt, Brahman zu verstehen, versteht Brahman nicht«, sagen die Hindus. »Du sollst dir kein Bild von Gott machen«, sagen die Christen. »Von ihm, dem Licht der Lichter, wird gesagt, es liege jenseits der Dunkelheit; das Wissen, das zu Wissende und das Ziel des Wissens, das im Herzen aller ist«, sagt Krishna in der Bhagavad-Gita, einem der bedeutendsten Texte der Hindus.

Am Ende kommt die Weisheit wohl nur zu den Narren. »Die, die wissen, die reden nicht. Die, die reden, die wissen nicht«, heißt es weiter bei Laotse, dem daoistischen Meister. Und dann sitzen sie auf ihren Berggipfeln, die Unwissenden, und schauen in den Sonnenuntergang, wie im Song der Beatles »The Fool on the Hill« (Der Narr auf dem Hügel). Und wir lachen sie vielleicht aus, weil sie nicht einmal die *BILD*-Zeitung dabei lesen oder mit ihren Smartphones Fotos davon machen.

Also ist das Göttliche vielleicht doch nur die Abwesenheit allen Urteils und aller Vorstellung – egal, ob wissenschaftlich oder religiös. Und damit wäre es wie die Liebe, wenn der Dalai Lama recht mit seiner Aussage hätte, dass die Liebe die Abwesenheit von Urteil sei. Wobei er mit der Abwesenheit von Urteil sicher nicht die Ignoranz meinte, die im Grunde sehr wohl ein Urteil ist, oft sogar ein vernichtendes: die Verurteilung zur Bedeutungslosigkeit.

Wir suchen alle das Gleiche, davon bin ich überzeugt. In der Religion wie in den Wissenschaften: Erlösung von Krankheit und Leid, das ewige Leben oder die ewige Jugend und vor allem Macht über das Schicksal. Oder vielleicht wollen wir ja auch nur insgeheim alle ein bisschen

Liebe und Aufmerksamkeit, und der Rest ist nur Theater und die Suche nach einem Weg in die Erfüllung.

Was weiß ich schon. Aber je mehr ich aufhöre, mich selbst und andere – die Welt! – zu bewerten oder zu verurteilen, und beginne, sie mit meinen Meinungen in Ruhe zu lassen, umso weniger muss ich mir darüber noch Gedanken machen. Vielleicht ist man Gott oder der Erlösung oder Erleuchtung eben doch am nächsten, wenn man einfach nur lacht und die Klappe hält.

Ein großes Lebensziel, das uns wahrhaftig erfüllen und genügen würde, wäre zweifellos nur auf einem Weg zu erreichen, auf dem wir uns von unseren tiefsten Gefühlen und Bedürfnissen leiten lassen. Und wenn wir ihn endlich gehen, stellen wir fest, dass ebendieser Weg selbst das höchste Ziel im Leben ist, das wir erreichen können.

Im Alter von 16 Jahren hatte ich Gott einmal einen Brief geschrieben, obwohl ich ja gar nicht an ihn glaubte. Mein Gott, der nicht existierte, trug in meiner Vorstellung einen grauen Bart und Schuhe mit kleinen Flügelchen, die der Schuhverkäufer Al Bundy in einer Episode der Serie »Eine schrecklich nette Familie« für ihn gefertigt hatte. Ich war wütend auf diesen Gott mit seinen albernen Schuhen, weil ich einfach jemanden brauchte, der schuld daran sein musste, dass ich gerade selbst aus Versehen meine Festplatte falsch formatiert hatte:

> *… und darum weiß ich, dass ich sowieso*
> *nicht in den Himmel kommen würde, Gott.*
> *Schon weil Du genau weißt, dass ich Dir*
> *so was von in den Arsch treten würde.*
> *Du hast einfach nur Schiss vor mir, auch*
> *wenn es Dich gar nicht gibt.*

Und schon damals dachte ich mir, vielleicht ist er ja einfach auch deshalb nicht da, damit wir ihm ab und zu wenigstens die Schuld an allem geben und aus ihm machen können, was wir wollen.

Und die Wahrheit ist: Nie habe ich lauter geschrien, dass ich »ihn« hasse, als in dieser zweiten Nacht auf dem Ozean, als ich nicht mehr weiterwusste. Und jetzt muss ich heulen, wenn ich mich daran erinnere, wie ich damals auf diesem blöden Ruderboot geheult und geschrien habe. Ich wollte doch einfach nur glücklich sein, ich hatte doch nichts verbrochen, dass ich so eine Hölle verdient hätte – in die ich mich aber eigentlich selbst hineinmanövriert hatte.

Mit einem Schlag ins Hier und Jetzt

Aber zurück zu Jens, zurück auf die Neckarwiese im letzten November. Schon der Buddha verkündete, dass »Zufriedenheit der Weg ist und kein Ziel«. Ein Weg, auf dem wir bewusst und achtsam einen Fuß vor den anderen setzen, auf dem wir hin und wieder auch stehen bleiben und uns dem Zauber am Wegesrand hingeben dürfen, um zu verweilen und zu ruhen, damit wir erfüllt und erfrischt weiterreisen können. Damit wir eben nicht nur zu den Zielen vermeintlicher Glückseligkeit stürzen und die Reise allein dort unterbrechen, wo wir stolpern oder gar hinfallen. Natürlich dürfen wir uns neue Ziele setzen! Die Frage ist: Machen uns all die Dinge glücklicher, oder lenken sie uns nur davon ab, dass wir uns selbst noch unglücklicher machen oder uns wenigstens eingestehen müssten, dass wir eigentlich unglücklich sind? Machen mich Fernsehen und Internet zum Beispiel wirklich glücklich, oder lenken sie nicht einfach nur von einem Leben ab, das ich so eigentlich gar nicht leben möchte, aber leben muss? Ist die Angst vor wahrer Alternativlosigkeit nicht ein Segen für die bunte Unterhaltungsindustrie? Wenn schon kein eigenes Leben, dann berauschen wir uns am Leben der anderen.

Am Ende ist es ja doch nur wieder so, wie es eben ist. Ob wir unsere Ziele erreichen oder nicht. Es ist immer nur so, wie es ist. Wenn wir damit unseren Frieden machen, wird es leichter, etwas zu wagen oder das Scheitern zu ertragen. Ein großes Lebensziel, das uns wahrhaftig erfüllen und genügen würde, wäre zweifellos nur auf einem Weg zu erreichen, auf dem wir uns von unseren tiefsten Gefühlen und Bedürfnissen leiten lassen – auf unserem ganz eigenen Weg eben! Und wenn wir ihn endlich gehen, stellen wir fest, dass dieser unser Weg selbst das höchste Ziel im Leben ist, das wir erreichen können – dass Zufriedenheit nur die Summe der Schritte ist, die wir bewusst und dankbar auf unserem Lebensweg entlangschreiten.

Das waren so ungefähr meine letzten Gedanken auf dem Weg zum Auto, morgens um halb vier am 1. November 2015. Gefühlte fünfzehn Minuten später und zehn Häuserblöcke weiter fahre ich rechts ran und quatsche mein Diktiergerät voll, wie immer, wenn ich runterkommen muss. Ich sitze hinter dem Steuer, die Autotüren sind immer noch verriegelt, ein Streifenwagen schießt mit Blaulicht an mir vorbei. Das Adrenalin pumpt noch immer durch meine Venen – ich wurde am Rand der Neckarwiesen beim Einsteigen in meinen Wagen überfallen und attackiert.

In der Ferne konnte ich meinen Freund Jens noch erkennen, wie er mit seiner Stirnlampe über die Wiese am Ufer lief. Als ich die Straße queren will, läuft ein Mann mit langem Mantel an mir vorüber. Ich denke mir nicht viel dabei, lasse ihn passieren, schreite mit meinem Schlafsack im Arm auf die andere Straßenseite und betrete den Bürgersteig. Ich entriegle den Wagen, um auf der Beifahrerseite einzuladen. Und plötzlich werde ich gegen das Auto gestoßen. Alles geht furchtbar schnell und ergibt überhaupt keinen Sinn. Der Mann steht plötzlich hinter mir, packt mich, schreit mich an. Ich verstehe ihn nicht richtig, und seine Gestik und Mimik machen mir sofort klar, dass er auf einer ganz schrägen Droge sein muss. Ich schaue ihm direkt in die Augen und schreie zurück, dass er mich loslassen soll. Er will mir den Schlafsack aus dem linken Arm reißen, doch ich klammere mich daran fest, denn er schafft Distanz. Der Mann steht über mir, hebt seinen Arm und versucht, mir von oben mit der Faust ins Gesicht zu schlagen. Immer wieder. Doch er trifft nicht, denn ich wehre mich. Diesen Augenblick werde ich niemals vergessen! Er steht direkt vor mir, sein linker Arm ist nach oben in den Himmel gestreckt, wieder holt er aus. Wir schauen uns in die Augen, und plötzlich friert die Zeit ein – nichts bewegt sich, außer sein Arm mit der geballten Faust, die wie in Zeitlupe auf mein Gesicht herabrauscht. Ich weiß nicht, wie, aber ich kann mich befreien, renne um den Wagen, er rennt hinterher.

Plötzlich wird er panisch und bleibt stehen. Ich bin absolut klar und fokussiert. Ich weiß nur nicht, ob ich weglaufen oder Wurzeln schlagen will. Ich verharre, warte ab. Dann weiche ich ein paar Schritte zurück und sage ihm, dass ich zu meinem Freund laufe und die Polizei rufe. Er zögert, weiß nicht, ob er wieder auf mich losgehen oder weglaufen soll. Läuft dann aber doch davon.

Und da stehe ich nun und verstehe absolut nicht, was gerade passiert ist. Ich springe ins Auto, verriegle die Tür, starte und fahre einfach weg. Erst dann rufe ich die Polizei und entschuldige mich dafür, dass ich nicht sicher bin, ob ich das melden soll. Ich schäme mich, komme mir blöd vor. Erst Stunden später begreife ich wirklich, dass ich überfallen wurde, und das Ausmaß des Geschehenen wird mir bewusst. Angst steigt mir in die Kehle.

> Wir hoffen uns in die Welt von morgen hinein,
> aber sie könnte sich schon in fünf Minuten
> ohne dich und mich weiterdrehen.
> Das Nie kommt schneller, als man denkt.

Ich bin dennoch sehr dankbar für diese Erfahrung. Nach dem Gespräch mit Jens erscheint sie wie der letzte Nagel im Sargdeckel. Für den Moment jedenfalls konnte ich alle Ausreden – dass die Freiheit und Zufriedenheit schon in der Zukunft eintreffen werden – komplett begraben. Wenn nicht jetzt, dann nie – und das Nie kommt schneller, als man denkt. Irgendwann steht einer vor dir und haut dich um, und deine Zukunftspläne und Erwartungen sind ihm so was von egal.

Das Glück von gestern ist nicht das Glück von heute

Nach dem Gespräch mit Jens war mir gegenwärtig, wie wichtig es ist, jeden Schritt im Leben bewusst und in Hingabe zu gehen, denn das überraschende Ende wird uns unverhofft aus unseren Plänen reißen. Am Ende wird alles nichts helfen, also sollten wir vielleicht einfach besser gleich jetzt das tun, was uns erfüllt. Womöglich hilft das ja! Wir hoffen uns in die Welt von morgen hinein, aber sie könnte sich schon in fünf Minuten ohne dich und mich weiterdrehen. Und vielleicht ist am Ende die Tatsache, dass wir uns so viel ums Morgen und Gestern gekümmert haben, anstatt jetzt zu leben, auch der einzige Grund, warum uns das Morgen überhaupt so viele Sorgen bereitet.

Wir können uns nur das Glück vorstellen, das wir schon kennen. Alltag und Monotonie setzen ein, wenn uns das irgendwann schon reicht und wir uns nicht mehr für Neues, Ungeplantes und Überraschendes im Augenblick öffnen wollen. Dabei war es doch immer das Überraschende, das Neue, das unser Leben so besonders machte – Weihnachten als Kind, die erste große Liebe, der erste Kuss. In solchen Momenten sind wir schnell raus aus unseren Vorstellungen und Erwartungen. Dann sind wir über unsere Gefühle in direktem Kontakt mit der Wirklichkeit, und eben nicht mehr im Kopf. Liegen diese Glücksmomente allerdings nur noch in der Vergangenheit, führt das Klammern an Erinnerungen letztlich zum Stillstand. Der Versuch, sie in der Zukunft immer und immer wieder zu wiederholen, mit immer gleichen Handlungsmustern und Erwartungen, endet in Abstumpfung und Lethargie, in Langeweile und im Kampf um jedes bisschen Gefühl, das wir noch aus dieser wiedergekäuten Vergangenheit ziehen können. Darin brennen wir aus. Wir können das Glück von gestern nicht einfach wiederholen, weil sich das, was uns glücklich macht, nicht planen lässt. Wer als Lebensgeist in der Vergangenheit lebt, fürchtet auch, dass sich das in der Zukunft wiederholen könnte, was in der Vergangenheit schon scheiterte. Auch das führt zum Stillstand, zur Sorge um das Morgen.

> Wir können das Glück von gestern nicht einfach wiederholen, weil sich das, was uns glücklich macht, nicht planen lässt. Denn es war doch immer das Überraschende, das Neue, was unser Leben so besonders machte.

Der Weg ist das Ziel, der Zugang zu Gefühlen und Bedürfnissen ist die Gegenwart. Eine Brücke, auf der wir schreiten und erfahren können, lässt sich nur zwischen dem bauen, was wirklich ist, und dem, was wir wirklich sind. Das, was wir sein wollen oder gewesen sein könnten, kann nicht fühlen, nicht erleben, nicht handeln und nicht in Kontakt mit sich und seinen Bedürfnissen und Gefühlen sein.

Die Vergangenheit lässt sich nur mit Vergebung befrieden, die Zukunft nur mit Vertrauen. Und nur wo sich Vergangenheit und Zukunft befriedet die Hände reichen, können Leidenschaft und Hingabe, Erleben und Sinn in der Gegenwart entstehen.

Ab und zu seinen Frieden machen – mit dem, was war und sein soll. Sich vergeben, jetzt Mensch sein! Auch mal schwach, nicht perfekt oder getrieben von Angst und dem Streben nach Glück oder Sicherheit. Womöglich sogar gebrochen, gescheitert und verloren. Es ist gut, und niemand hat Schuld. Und darin kann man es loslassen, und darin erst kann wirkliche Veränderung geschehen.

DRITTES KAPITEL

So viele Umwege ins Hier und Jetzt!

»Wenn nicht jetzt, dann nie!
Und das Nie kommt schneller,
als man denkt.«

EIN LEBEN LANG hatte ich die Erlösung in der Zukunft und in der Ferne gesucht, hatte gehofft, mich und die Gegenwart dort wieder finden und spüren zu können. Als ob das Jetzt nur an einem nächsten Wochenende, in einem nächsten Urlaub zu finden sei, und das Hier nur auf einem fernen Ozean, auf einem langen Pilgerweg oder auf den Gipfeln der höchsten Berge. Im eigentlichen Hier und Jetzt konnte ich einfach nicht so sein, wie ich bin, und alles so sein lassen, wie es ist. Und so angepasst, wie ich sein sollte, wollte ich nicht sein. Hier fand ich nicht ins Hier, jetzt nicht ins Jetzt – dabei sind wir immer nur hier, und es ist immer nur jetzt! Jede Bemühung darum ist also immer nur ein Irrweg, eine Flucht.

Nach meiner Rückkehr von meiner Atlantiküberquerung hatte ich lange versucht, mich endlich wieder aus dem Kopf heraus in diese unfassbare Gegenwart zu meditieren und zu fantasieren, die ich auf dem Ozean erfahren hatte. Dabei entfernte ich mich aber wieder immer weiter von mir und der Gegenwart, je mehr ich mich bemühte. Allein der Versuch, im Jetzt anzukommen und still zu werden, ist Unruhe und ein Ziel in der Zukunft – und damit eine Flucht aus dem Jetzt. Und mit jedem Tag, an dem ich darum kämpfte, die Freiheit auf dem Ozean wiederzuerlangen, fühlte ich mich nur noch unfreier. Wieder Ziele, sogar noch mehr als vorher, und alle so weit weg! Alles, was ich vom Meer zurückgebracht hatte, drohte ich im Alltag wieder zu verlieren. Erkenntnisse, Sinneseindrücke, Gefühle. Alte Gewohnheiten und die graue Tinte des Alltags überschrieben meine Erlebnisse von Freiheit und Zufriedenheit.

Ich landete in einem neuen Hamsterrad, diesmal im Hamsterrad der Spiritualität. Für mich führte jetzt nichts unterhaltsamer ins Irgendwo der Erfüllung als fernöstliche Philosophien der Nichtdualität und der Erleuchtung. Der Konsum von bewusstseinserweiternden Substanzen aus den Schamanen-Kochtöpfen dieser Welt intensivierte diesen Prozess noch weiter. Ich flog völlig aus der »Normalität«, meditierte und kontemplierte irgendwo am Rande des Wahnsinns und verweigerte mich der Wirklichkeit.

Wenige Wochen nach meiner Rückkehr an Land ließ ich mich dazu überreden, eine Flasche »Ayahuasca« zu trinken – ein Gebräu peruanischer Schamanen aus den

DMT-haltigen Blättern des Psychotria-Viridis-Strauches und aus der »Liane der Geister«, Banisteriopsis caapi, die den MAO-Hemer »Harmin« enthält. Das sei eines der stärksten Halluzinogene der Welt, sagte man mir. Meine Erfahrungen damit waren Himmel und Hölle zugleich. Ich wähnte mich der permanenten Erleuchtung und Erlösung unglaublich nahe, aber leider landete ich nach ein paar Stunden wieder in der alten Welt mit ihren alten Problemen. Als ob die Karotte der Erlösung direkt vor der Nase hängen würde – und man rennt und rennt. »Gleich da! Ganz bestimmt!«

In den zwei Jahren, die folgten, hing ich in einem neuen, einem spirituellen Hamsterrad fest – zwischen den tiefsten Abgründen der Seele und den verheißungsvollsten Hoffnungen auf Erlösung, zwischen Himmel und Hölle, aber irgendwo dazwischen brannte dieses Feuer in meinem Herzen und trieb mich weiter. Nach tagelanger Meditation, nach Reizentzug und nach dem Konsum bewusstseinserweiternder Substanzen fühlt sich der Mensch verdrahtet mit dem ganzen Universum, »wired with the entire Cosmos«, wie es der britische Rock-Musiker Sting einmal nach einer Ayahuasca-Erfahrung beschrieb. Die Bewusstseinswelten, in die man reist, sind bizarr und doch real, fern jeder Dimensionalität und Vorstellung. Wer hat da noch Lust auf Alltag, Abwasch und Gemüseauflauf? Eine Erfahrung war unfassbarer als die nächste. Erst ist man überwältigt, danach versucht der Verstand, sich selbst zu verdauen. Nur eines ist immer gleich nach so einem Erlebnis: die Ahnung, dass das hier alles unvorstellbar viel größer ist, als wir denken.

Die Angst vor dem Unbekannten

Es hat keinen Sinn, diese Erfahrungen, in die man für ein paar Stunden eintaucht, ausführlicher zu beschreiben: Die, die sie kennen, würden schweigend nicken – die, die sie nicht kennen, nur mit dem Kopf schütteln. Was immer ich in diesem Buch über solche Zustände der Selbstentgrenzung oder gar Selbstauflösung schreiben könnte, die man nach langer Meditation oder Ayahuasca-Konsum erreicht, taugt nicht einmal für einen Prolog zur eigentlichen Erfahrung. Man bricht aus Denkmustern aus und fühlt sich überwältigt. Aber jedes Mal durchlebt man die Hölle, um dort hinzukommen. Immer muss man erst eine Wand aus Ängsten überwinden und den völligen Kontrollverlust durchleben. Aber genau dadurch begreift man diese Ängste auch und versteht, warum sie eine solche Macht über einen haben. Hinter allen Ängsten, so bin ich heute überzeugt, wartet nur die Verlustangst. Und damit die Angst vor Kontrollverlust und vor wirklicher Veränderung.

Während ich davon überzeugt war, mich von meinem »Ego« und falschen Selbstbild lösen zu können, wurde es in Wahrheit nur noch größer. Ich quälte mich in die Abgründe meiner Seele und begriff nicht, dass sie nur umso mehr Raum bekamen, je mehr ich mich mit ihnen beschäftigte. Wer ständig über Probleme nachdenkt, hat auch mehr davon. Und die Lebensuhr tickt weiter … Bei allem Nachdenken darüber, warum mein Leben so schwer ist, hatte ich beinahe vergessen, dass es endlich ist und nur jetzt gelebt werden kann.

> Wer ständig über Probleme nachdenkt,
> hat auch mehr davon. Bei allem Nachdenken
> darüber, wie schwer das Leben ist,
> kann man leicht vergessen, dass es endlich ist
> und nur jetzt gelebt werden kann.
> Und die Lebensuhr tickt weiter …

Ich war in der berüchtigten »Erleuchtungsfalle« gelandet. Ohne es wirklich bemerkt zu haben, war ich erneut im Höher-schneller-weiter-Modus unterwegs. Und den wollte ich doch eigentlich verlassen. Ich dachte, jetzt, wo ich nicht einfach wieder auf den nächsten Ozean gehe oder den nächsten Berg erstürme, sei ich »weiter« als die anderen Adrenalinjunkies. Es war eine Einbildung, und doch war es der Weg, den ich gehen musste, um eben das herauszufinden. Jeder geht seinen Weg, und jeder trägt dabei sein Päckchen – bis es irgendwann zu schwer wird und man es dann vielleicht auspackt. Am Ende, davon bin ich überzeugt, sind wir auf allen unseren Wegen zum gleichen Ziel unterwegs – zurück zu uns selbst und unserer wahren Natur hinter allen begrenzten Gedanken. Ich musste über einen Ozean rudern, um zu bemerken, dass man gar nicht so angestrengt über einen Ozean rudern muss. Ich musste mich im spirituellen Hamsterrad drehen, um zu begreifen, dass man sich gar nicht so wild drehen muss.

Ich wollte auf Teufel komm raus loslassen, mit aller Macht ins Hier und Jetzt finden, zu mir selbst, zurück in die Wirklichkeit. Aber auch das Loslassen war wieder nur ein Ziel im Kopf, an das ich mich klammerte.

Vielleicht heißt Frieden finden einfach nur, seinen Frieden zu machen. Vielleicht ist es so trivial und damit zu trivial für unseren komplexen Verstand: das Loslassen loslassen. Das Nichtbegehren nicht mehr begehren. Sich selbst nicht mehr suchen. Die Wirklichkeit oder Gott nicht zum Ziel machen. Die Ziellosigkeit nicht zum Ziel erklären. Nicht kontrolliert die Kontrolle aufgeben. Nicht über das Nichtdenken nachdenken. Nicht das Denken zum Problem von Gedanken machen. Nicht das Verurteilen verurteilen. Sich das Nicht-vergeben-Können vergeben. Nicht dem Misstrauen misstrauen. Sich auch für sein Unvermögen zu mögen. Einfach sein und alles so sein lassen, wie es ist. Veränderung in der Zukunft ist ohnehin nur möglich, wenn man die Gegenwart auch wirklich begreift. Wenn Veränderung nicht im Hier und Jetzt beginnt, bei dem Menschen, der wir wirklich sind – wo dann? Wer oder was soll sich dann verändern können? Wir sind erst einmal, wie wir sind – und oft sind wir alles andere als das, was wir gern wären. Wie soll sich ein Mensch wirklich verändern können, der sich überhaupt nicht mag und nur vor sich selbst weglaufen will?

Der Duft von Erdbeeren

Im Sommer 2014, im Biomarkt, in der Obst-&-GemüseAbteilung, zwischen Äpfeln und Bananen, geschah es dann, dass das Wunder der Schöpfung und tiefster Frieden erneut zu mir fanden, wohl weil ich aufgehört hatte, so angestrengt danach zu suchen. Ich hatte mich entschieden, das spirituelle Hamsterrad für eine Weile anzuhalten. Ich wollte zu viel zu schnell und erreichte am Ende gar nichts mehr.

Und plötzlich reichte der Duft von Erdbeeren, um mich bewusst in die Gegenwart zurückzuholen. Ich lief einfach an ihnen vorbei, nahm den Duft wahr, wie unzählige Male in unzähligen Sommern zuvor, und wie unzählige andere Düfte von Früchten, die in der Luft lagen. Doch dann strömte mir der Duft der Erdbeeren plötzlich wie der Lebensatem der ganzen Welt durch meine Nase und atmete sich in mir bis in die letzte Zelle meines Körpers hinein. Ich blieb stehen, mitten im Biomarkt, begann zu heulen und musste mich setzen.

Es ging mir wie einem Freund, der, wie jeden anderen Morgen auch, auf dem Weg ins Büro seine Tochter noch schnell zur Schule fuhr. Irgendwo zwischen A und B, zwischen dem Song »Is this Love?« von Whitesnake und überdrehten Morgenshow-Moderatoren im Radio, ist es dann passiert. »Papa, warum muss ich in diese blöde Schule und du ins Büro?«, fragte ihn eine Stimme aus dem Off vom Rücksitz. Er fuhr rechts ran, sackte mit dem Kopf nach vorn aufs Lenkrad und brach in Tränen aus. Und sein Kartenhaus brach zusammen. Eigentlich war überhaupt nichts passiert, eine schlichte Frage wurde ihm gestellt, sie hatte aber weitreichende Konsequenzen für ihn und seine Tochter über die nächsten Monate.

> Die Tatsache, dass ich jetzt hier sitze,
> passt in keine Theorie, in keine Weltenformel,
> in keine Wahrscheinlichkeit oder Vorstellung.
> Aller Sinn, den mein Leben haben kann,
> ist nur der, den ich ihm selbst gebe.

So viele Tränen in so wenigen Sätzen – so klischeehaft sollte man doch keine Bücher schreiben! Aber »die Wirklichkeit ist eben eine erbärmliche Schriftstellerin«, wie Javier Marías 2015 in seiner Eröffnungsrede beim Internationalen Literaturfestival in Berlin feststellte. Wir heulten also beide, mein Freund und ich, ganz unabhängig voneinander, und ich glaube, unsere Wirklichkeit war spannender als jeder Roman von Javier Marías.

Ich saß vor einem Kühlregal, immer noch in Tränen aufgelöst, und alles, worauf ich plötzlich Hunger hatte, waren Erdbeeren und mein Leben!

»Ich bin jetzt hier! Was soll dieser ganze Unsinn mit der Suche nach Freiheit und nach mir selbst?«

Mein Herz öffnete sich, und ich spürte mich und die Welt umso mehr, je weniger ich davon noch verstehen konnte. Und ich atmete dieses Leben ein, an dem ich vorher fast erstickt wäre.

Da waren nur Erleben und Wahrnehmung, und es war nicht mit Logik zu erfassen. Meine begrenzte Vorstellungskraft wich dem Rausch des Unvorstellbaren. Genau wie damals da draußen im Ruderboot, als ich mein Schicksal in die Hände des Ozeans legte. Plötzlich war es wieder egal, woher ich kam und wohin ich gehen wollte. Da war nur das Begreifen, dass ich nur jetzt lebe und dass alles andere nur Geschichten darüber sind, die wir uns erzählen.

»Wir sind, was wir denken. Alles, was wir sind, entsteht aus unseren Gedanken. Mit unseren Gedanken formen wir die Welt«, sagte der Buddha. Und ich begriff es in diesem Moment, ganz ohne Meditation und Drogen – ohne jede Absicht, es erkennen zu wollen. Es war einfach da.

Es spielte keine Rolle mehr, ob mich eine 13,8 Milliarden Jahre alte Schöpfung nach einem Urknall ausgespuckt hatte oder ob ich doch von einem dieser Götter erschaffen wurde. Es war mir völlig egal, ob morgen die

Welt untergeht oder sich die Erde doch noch einige Runden mit mir weiterdreht. Mir war plötzlich einfach nur bewusst, dass sich alles auf wunderbare Weise gefügt haben musste und sich irgendwie weiter fügen wird, aber dass ich nur jetzt mit diesen Augen sehen, mit diesen Händen fühlen, mit diesen Ohren hören, mit dieser Nase riechen und mit diesem Mund Erdbeeren schmecken kann. Mir war mit einem Mal klar, dass die Tatsache, dass ich jetzt hier sitze, in keine Theorie, in keine Weltenformel, in keine Wahrscheinlichkeit oder Vorstellung passen konnte – dass es eigentlich völlig unmöglich war und überhaupt keinen Grund und keine Erklärung benötigte. Und dass aller Sinn, den mein Leben haben kann, nur der ist, den ich ihm selbst gebe. So wie zehntausend Affen, die, wenn sie nur lange genug auf Schreibmaschinen herumspringen, irgendwann aus Versehen und zufällig dieses Buch hier tippen, so hatte mich nun einmal die Schöpfung ausgespuckt. Und dann laufe ich wie eine Wahnsinnige herum und glaube, für ein paar Jahrzehnte die Vergangenheit verstehen und die Zukunft kontrollieren und planen zu müssen, um auch sicher weiter existieren zu können.

Wenn vor zehn Milliarden Jahren auch nur ein einziges Photon einen einzigen Millimeter weiter rechts geflogen wäre, wäre ich, wären wir alle heute nicht hier, um über uns und diese Welt so viel nachzudenken. Das Unmögliche ging gut, und wir sind hier, und jetzt soll es plötzlich scheitern, weil wir das Mögliche nicht exakt planen?

Wir alle sollten jeden Morgen voller Dankbarkeit über dieses unverschämte Glück und Geschenk des Lebens aus dem Bett springen. Es sollte keine Selbstverständlichkeit sein, dass unser Herz schlagen und unser Hirn sich darüber Gedanken machen kann. Was wir mit dem Leben anstellen sollten, ist das eine, was wir damit anstellen *können* und *wollen*, ist etwas anderes: Wer sich morgens lieber wieder die Bettdecke über den Kopf ziehen und den Wecker totschlagen will, der kann auch das tun. Doch was für eine Verschwendung von Lebenszeit und Wunder!

Wir haben die Wahl

Jeder Einzelne von uns kam als liebenswertes, vollkommenes und sehnlichst erwartetes Geschöpf in die Welt – hoffentlich jedenfalls! –, doch kaum werden wir Teil der Gesellschaft, müssen wir darin erst einmal wieder *jemand* werden, unseren Platz suchen und uns Anerkennung verdienen. Dann geht es darum, die kollektiven Vorstellungen von Perfektion zu erfüllen, statt im Sein vollkommen zu sein. Schnell leben wir eine mangelhafte Kopie von uns selbst, die sich ständig weiter kopieren will, um noch mehr Menschen zu genügen, und die dabei doch nur noch blasser wird. Und wenn alles schief-läuft und wir uns im Spiegel gar nicht mehr in die Augen schauen wollen, weil wir uns selbst nicht mehr genügen – weil wir wiederum anderen nicht genügen! –, dann gehen wir lieber mit unserem falschen Selbstbild unter, anstatt endlich wir selbst zu sein – dieses Wunder, das wir doch hinter allen beschränkten Vorstellungen und Erwartungen stets sind.

Aber schuld ist niemand, an nichts. Wir alle wollten nur glücklich sein und dieses Glück teilen. Was uns voneinander unterscheidet, ist lediglich die Anzahl der erfolgreichen und gescheiterten Versuche, glücklich zu werden – und der Level der damit verbundenen Frustration, Wut, Enttäuschung und Gier. Jeder wollte alles richtig machen, und doch ist die Welt heute so, wie sie nun einmal ist.

Selbstoptimierung statt Zufriedenheit – allzu oft leben wir eine mangelhafte Kopie von uns selbst. Und wenn es schiefläuft, gehen wir lieber mit unserem falschen Selbstbild unter, anstatt endlich wir selbst zu sein – dieses Wunder, das wir hinter all unseren Beschränkungen doch sind.

Doch hätte vor eintausend Jahren irgendjemand anders gehandelt, als er es getan hat, wären wir selbst vielleicht heute nicht da. Also was ist schon »richtig«? Ohne all die Kriege zum Beispiel wären sich unsere Großeltern sicherlich niemals über den Weg gelaufen. Wenn es eine Schuld gäbe, dann wäre in uns selbst alle Schuld der

Welt vereint. Schon allein deshalb sollten wir dankbar sein und vergeben, uns selbst und gerade auch allen anderen – aber für die Zukunft sollten wir auch dazulernen und den Menschen, die uns nachfolgen, eine Vergangenheit als Rahmenbedingung mit auf den Weg geben, die weniger zur Bürde und Last wird. Jeder Mensch, der in tausend Jahren geboren wird, ist das Resultat unserer Entscheidungen heute. Die gesamte Welt – in der Totalität der Kausalität – ändert sich allein durch meine Entscheidung, ob ich morgen zum Bäcker gehe oder nicht. So wie wir heute nicht da wären, wenn vor ein paar Milliarden Jahren ein einziges Photon auch nur diesen halben Millimeter weiter rechts durchs Universum geflogen wäre und wenn Nero nicht Rom in Brand gesteckt hätte, so entscheiden wir selbst über die Zukunft des Universums allein durch unsere Wahl, ob wir die Kaffeetasse links oder rechts neben die Tastatur stellen. Ja, wir bestimmen die Zukunft der gesamten Schöpfung sogar dadurch, ob wir als Nächstes einen schönen oder unschönen Gedanken denken. Das macht jede Handlung und jeden Gedanken zu einem schöpferischen, göttlichen Akt, aber wer möchte diese Verantwortung tragen? Dann lieber doch nur Mensch sein und irgendwie vor sich hin leben – und vor allem: ohne an Konsequenzen zu denken!

Machen wir uns die Konsequenzen aber bewusst, wird jedes Handeln zu einem solchen heiligen Akt. Und da wir nie in diese Welt hineingeboren wurden, sondern aus ihr entsprungen sind, bestimmen wir damit auch über unsere eigene Zukunft, denn wir sind dieses Universum.

Wir sind nicht einfach die Konsequenz eines Urknalls, er setzt sich auch in uns und in unseren Handlungen fort, bewusst eben. Je mehr wir uns solche Gedanken erlauben, desto achtsamer, bewusster und rücksichtsvoller werden wir handeln – und das aus Dankbarkeit, überhaupt handeln zu dürfen. In diesem Sinne sind wir eine der Hände der Schöpfung, die an der Zukunft des ganzen Universums mitwirken. »Vor nichts haben wir mehr Angst als vor unserer eigenen Größe«, sagte Nelson Mandela. Deshalb reden wir uns lieber klein und bedeutungslos, fühlen uns getrennt vom Universum, von Gott oder der Schöpfung. Aber wir haben eine Wahl: Wir dürfen entscheiden, wie klein wir uns fühlen wollen und wie viel Bedeutung wir jeder Handlung – jedem Atemzug, jedem Herzschlag und jedem einzelnen Gedanken – zubilligen. Und wenn Gedanken einfach nur Gedanken sind, folgt einfach einer ganz selbstverständlich dem nächsten; wenn Herzschläge nur Herzschläge sind, dann schlägt unser Herz ganz selbstverständlich, bis es irgendwann stehen bleibt. Wenn Selbstverständlichkeit unsere Definition von Lebendigkeit sein soll, wird es auch so sein. Es liegt allein an uns und unserer Fantasie, ob wir uns das Wunder und den Zauber hinter den Selbstverständlichkeiten wieder offenbaren können.

Zufriedenheit ist eine Frage
der Einstellung

Nach dieser neuen Erfahrung des »Einfach-nur-so-Seins«, der reinen Wahrnehmung ohne Urteil und Bewertung, die mir im Biomarkt zuteilwurde, zog ich die spirituelle Notbremse, was nicht heißt, dass ich nicht trotzdem immer wieder einmal ins Schleudern kam. Ich machte aber langsam meinen Frieden mit der Suche nach Erlösung, und gerade darin wurde ich plötzlich still und stiller. Ein Freund erzählte mir einmal, dass er jahrelang in Indien meditiert hatte, um diese unfassbaren Zustände zu erreichen. Er verzichtete auf alles, jagte die große Erleuchtungskarotte und brach irgendwann zusammen. »Ausgerechnet mit einer Hirnhautentzündung, vom zu vielen Meditieren«, beschrieb er es ironisch. »Und dann«, fuhr er fort, »als ich zusammenbrach und mit dem Meditieren und meiner Suche aufhörte, war ich endlich wieder *da*, und es fand mich! Wir halten uns selbst zum Narren!«

Ich las einmal einen Artikel über die Praxis des »Sokushinbutsu« – das heute verbotene Ritual der Selbstmumifizierung buddhistischer Mönche in Japan. Nicht das Ritual an sich schockierte mich, ganz im Gegenteil. Mich schockierte eher, wie sehr ich es nachvollziehen konnte, dass man sich derart extremer Schmerzen und Selbstverleugnung aussetzt, um sich aus dem Leidenskreislauf zu befreien und in irgendein Nirwana zu gelangen. »Auch eine Art Selbstoptimierung und Hamsterrad«, dachte ich.

Dieses Ritual, das Jahre in Anspruch nimmt, macht deutlich, wohin es führen kann, wenn man Erlösung und Erleuchtung, Zufriedenheit und Glückseligkeit jagt. Die Mönche setzen sich drei Jahre lang – eintausend Tage – einer radikalen Diät aus, um den Körper zu härten und den Geist zu brechen. Dem folgen weitere drei Jahre, in denen der Körper radikal entwässert, entfettet und mit giftigen Pflanzen von innen heraus gegen Verwesung und Insektenfraß konserviert wird. Dann sperrt man einen solchen Mönch lebendig in eine enge Gruft, in der gerade nur so viel Platz ist, dass er unbeweglich im Lotossitz verharren kann. Mit der Außenwelt ist er nur noch durch ein kleines Atemröhrchen verbunden. Jeden Tag, an dem er noch lebt, läutet er ein kleines Glöckchen. Bleibt es eines Tages still, entfernen die anderen Mönche das Atemröhrchen und versiegeln die Gruft, bis eintausend Tage abgelaufen sind.

Es scheint egal zu sein, in welchem Hamsterrad wir stecken und welche Karotte wir vor der Nase hängen haben: Erfolg, Erfüllung, Erleuchtung, völlig gleich. Wir verwirken unser Leben, wenn wir nicht mehr jeden Schritt wirklich als *Leben* begreifen. Je mehr ich mich dem Menschsein verweigere, umso mehr verweigere ich mich der Schöpfung. Alle Wege ins Hier und Jetzt sind Umwege – es ist immer nur jetzt, wir sind immer nur hier! Und wir sind einfach Mensch, fehlbar, verletzlich, sterblich, aber dafür auch manchmal unglaublich mutig, ehrlich und liebenswert. Der Mensch ist »Gott« vielleicht am nächsten, wenn er einfach der ist, der er ist.

> Wir verwirken unser Leben, wenn wir nicht
> mehr jeden Schritt wirklich als Leben begreifen.
> Der Mensch ist fehlbar, verletzlich, sterblich,
> aber dafür auch manchmal unglaublich
> mutig, ehrlich und liebenswert.
> Der Mensch ist »Gott« vielleicht am nächsten,
> wenn er einfach der ist, der er ist.

Freiheit und Zufriedenheit lassen sich nicht erzwingen, auch sie werden unter Zwang nur wieder zum Ziel in der Zukunft, zum Gefängnis neuer Gedanken und Erwartungen, in dem wir uns vom Leben aussperren. Unter dem Druck permanenter Selbstoptimierung werden wir nur noch verrückter. Wir können lernen, dass die Ursachen für Unzufriedenheit und Unfreiheit genau darin begründet sind, dass wir überhaupt meinen, alles verändern zu müssen. Das ist Zufriedenheit aufgrund der eigenen Einstellung, nicht aufgrund der Umstände. Das ist Freiheit.

Sein oder Seinwollen

… das ist hier die Frage!

Ich dachte früher immer, dass es ein Zeichen von Stärke sein muss, weiterzukämpfen, auch wenn man längst erschöpft ist. Aber stark zu sein bedeutet nicht, sich an irgendetwas festzuklammern – nicht an Sicherheiten, nicht an Erwartungen, nicht an Urteilen aus der Vergangenheit und nicht an Hoffnungen für die Zukunft. Es bedeutet, das zu tun, was uns wirklich schwerfällt: die Gewohnheiten loszulassen und in der Gegenwart zu sich selbst und zu den wahren Gefühlen und Bedürfnissen zu finden. Und es bedeutet, zu vergeben, abzugeben und zu vertrauen, ohne Sicherheiten zu erwarten! Das ist Demut. Wer so loslässt, kann auch anderen Halt geben.

Es ist kein Zeichen von Stärke, immer mehr Dinge festhalten zu können. Jeder sammelt irgendetwas und häuft an. Der eine Geld, ein anderer Briefmarken und noch ein anderer einfach nur zu viele Ängste, Hoffnungen, Probleme oder Vorurteile. Jeder sammelt nach seinem »Vermögen«. Doch Stärke zeigt sich darin, all das loslassen zu können. Der Millionär seine Millionen, der Gedankensüchtige seine Gedanken. Aber loslassen heißt eben nicht wegwerfen, es heißt, sich nicht an etwas klammern zu müssen – und damit auch, dankbar zu sein und zu teilen.

Zu viele Menschen, die viel zu viel haben, geben zu

vielen Menschen, die gar nichts haben, viel zu wenig. »Wir müssen lernen, als Spezies zu denken!«, ich mag diesen Satz gar nicht, der gerade im Internet die Runden macht. Schon wieder »müssen« und »denken«!

Vielleicht sollten wir wieder als Spezies *fühlen*? Und das kann nur im einzelnen Individuum beginnen: Einer müsste anfangen, zu fühlen und mitzufühlen, und andere überzeugen, mitzumachen. Und dann sind es zwei, vier, acht. Noch mehr Wissen und Denken reichen nicht aus. Alles Wichtige wurde doch längst erdacht und aufgeschrieben – damit sich Menschen verändern, muss wieder ihr Herz berührt werden.

Stark zu sein bedeutet, das zu tun, was uns wirklich schwerfällt: zu sich selbst zu finden, zu vergeben, abzugeben und zu vertrauen, ohne Sicherheiten zu erwarten. Das ist Demut. Wer so loslässt, kann auch anderen Halt geben.

Die Spezies kann sich nicht verändern, nur die Individuen darin, jeder kann für sich und seinen Nächsten da sein und Impulse setzen. Dieser Weg scheint mühsam, aber auf die Schnelle gleich die ganze Spezies oder die ganze Welt verändern und verbessern zu wollen ist der Grund, warum sie genauso ist, wie sie heute ist. Alles gerät außer Kontrolle, gerade weil wir nach Kontrolle und Macht streben. Der Weg zurück in eine Welt der Balance ist kein Weg der Kontrolle und Macht, es ist ein Weg der Demut, des Vertrauens und der Liebe – und vor allem: der Geduld! Alles, was wir hier haben, ist Zeit – wenn uns wirklich etwas viel bedeutet, sollten wir Geduld damit haben. Und wer nicht einmal sich selbst, geschweige denn einen einzigen anderen Menschen wirklich lieben kann und sich Zeit dafür nehmen will, der sollte gar nicht erst versuchen, die ganze Welt zu »lieben«. Aus Einsamkeit und innerer Leere heraus lässt es sich schlecht lieben, da kann man die ganze Welt umarmen und »schlucken« – man wird nicht satt. Liebe entsteht aus innerer Erfüllung, weil man lieben darf und lieben möchte, und nicht weil man Liebe braucht. Liebe beginnt in uns selbst, mit uns selbst. Ein »Ich liebe dich!« ist keine Liebe, wenn es nicht auch ein »Ich liebe uns!« ist. Und wenn ich dieses »Uns« nicht einmal mit dem eigenen Nachbarn wirklich erleben kann, wie soll dann aus der Welt ein »Wir« werden?

Frei und stark zu sein bedeutet, nicht nur kluge Gedanken oder Besitztümer zu teilen – deren Konsequenzen man ohnehin längst überdrüssig ist –, sondern auch Gefühle! Und wo man die teilt, stellt man plötzlich fest, dass die anderen ebenfalls welche haben. Und dass man Gefühle mit Besitz und Sicherheiten nicht aufwiegen kann. Wer weniger zu verlieren hat, fühlt mehr. Richtige Gefühle, nicht nur Gefühlssimulationen im Kopf, wie diese Gedanken, die sich vor sich selbst fürchten, die an sich selbst verzweifeln oder die auf sich selbst wütend sind. Echte Gefühle, nicht nur Anspannung und Zittern im Körper, wenn einem bei all dem Stress die Nerven durchgehen.

Warum nicht etwas wagen?

Niemand soll seine Gedanken nach der Lektüre dieses Buches für immer zum Schweigen bringen oder all sein Geld in überstürztem Tatendrang verbrennen, um sich dann ziellos, wie ein lachender Buddha, unter einem Pappelfeigenbaum zur Ruhe zu setzen und nur noch im Hier und Jetzt zu leben. So einfach ist das nicht. Das Nichtbegehren zu begehren ist letztlich auch wieder nur ein Begehren; ziellos zu werden nur ein Ziel; weniger zu planen nur ein Plan. Aber wir könnten für den Anfang ein harmonischeres und bewussteres Pendeln zwischen der abstrakten Vorstellung von Zukunft und Vergangenheit und dem konkreten Erleben in der Gegenwart anstreben: zwischen Kopfkino und Wirklichkeit, zwischen Träumen und Erfüllung, zwischen Sicherheiten und Vertrauen, Abhängigkeit und Freiheit, Bedarf und Bedürfnis. Wir könnten mit Geduld und Nachsicht beginnen, vor allem bei uns selbst! Mit Vergebung.

Was haben wir denn zu verlieren? Wir besitzen doch gar nichts. Alles ist nur auf Lebenszeit geborgt, alles vergeht irgendwann, auch wir selbst und unsere Meinungen und Urteile. Wir haben nur zu gewinnen, Erfahrung, Gefühle, Leidenschaft, dieses Leben eben. Und wer sich nicht selbst darin verwirklicht – in dem, was ist, so, wie es ist –, der verwirkt sein Leben.

Warum nicht wieder etwas wagen? Warum nicht wie ein Kind auf den nächstbesten Baum klettern, einfach weil er jetzt gerade vor uns steht? Sind wir etwa dereinst von den Bäumen geklettert, nur um heute an Holztischen zu sitzen und kluge Gesetze zu Papier zu bringen, die den Wald schützen sollen – nur weil wir ohne ihn langfristig ersticken und die Welt nicht mehr so schön grün wäre? Ist das alles, was wir noch damit anfangen können?

> Was haben wir denn zu verlieren? Wir besitzen doch gar nichts. Alles ist nur auf Lebenszeit geborgt, alles vergeht irgendwann, auch wir selbst und unsere Meinungen und Urteile. Wir haben nur zu gewinnen, Erfahrung, Gefühle, Leidenschaft. Warum nicht wieder etwas wagen?

Warum sich nicht wieder wie ein Kind unter das Firmament legen und sich um Kopf und Kragen hoch zu den Sternen träumen, obgleich wir bereits wissen, dass sie im Moment noch unerreichbar sind? Sind wir etwa dereinst aus dem Sternenstaub gekrochen, um die Sterne nur noch zu berechnen?

Auf unberechenbare Konsequenzen und auf das Scheitern haben wir keine Lust, auch wenn wir großen Spaß dabei haben könnten. Wir brauchen Sicherheiten und Garantien dafür, dass wir mit unseren Bemühungen auch ein lohnenswertes Ziel erreichen, das wiederum unseren Erwartungen – und damit oftmals den Erwartungen der anderen – genügt. Aber ist denn ein schallendes Lachen jetzt, wenn wir knietief in einer Pfütze stecken oder von einem Baum fallen, ist ein zutiefst empfundenes Staunen unter dem Sternenhimmel kein lohnenswertes Ziel mehr? Sind unsere Ziele für die Zukunft wichtiger geworden als das Sein in der Gegenwart? Sind wir nur noch, was wir erreichen wollen? Ist das Sein vollständig zum Seinwollen oder, schlimmer noch, zum Seinsollen geworden?

VIERTES KAPITEL

Mit Mut ins Vertrauen

*»Es gibt keinen falschen Weg,
nur den Weg vor der Nase.«*

MÜSSEN WIR ERST große Lebens- und Sinnkrisen durchleben, mit den alten Denk- und Handlungsmustern komplett gegen die Wand fahren, um zu erkennen, dass es Zeit ist, sie loszulassen? Muss, wer sich immer weniger spürt, das eigene Leben aufs Spiel setzen, um sich wieder lebendiger zu fühlen? Müssen wir die höchsten Berge, die tiefsten Ozeane, die verschlungensten Pfade hinter uns bringen, um zu uns selbst und in den Augenblick zurückzufinden?

Über einen Ozean zumindest muss man nicht rudern, um seinen Frieden zu machen, so viel kann ich schon einmal aus eigener Erfahrung bezeugen. Aber um zu dieser Einsicht zu gelangen, musste ich es persönlich eben erst einmal tun. Es war mein persönlicher Weg, aber wir alle sind doch längst mittendrin in unserem

Abenteuer – »auf der langen und beschwerlichen Reise vom Kopf ins Herz«, wie die Indianer sagten.

Und leider werden wir auf dieser Reise durch Schicksalsschläge immer wieder um Lichtjahre zurückgeworfen, vielleicht nur deshalb, weil wir auf dem letzten Abschnitt nicht gelernt haben, was wir lernen sollten. Aber einen grundsätzlich falschen Weg gibt es nicht, sondern nur den Weg direkt vor unserer Nase. »Seelenplan« und »Seelenweg« nannte ihn neulich eine Freundin. Jeder ist auf seiner abenteuerlichen Reise zurück ins Herz, ins Gefühl und ins Urvertrauen: Frau Schmitt aus Buxtehude, die allein zwei Kinder in eine ungewisse Zukunft durchbringen muss; Herr Meyer aus Bielefeld, der sein ganzes Leben nur geackert hat, aber jetzt mit siebenundfünfzig Jahren keinen Job mehr findet und nichts anderes kennt, als zu ackern; Mareike aus der 7a, die schon mit fünfzehn Jahren einen »hyperaktiven Burnout« hat und sich selbst mit bunten Pillen und terminierten Gesprächstherapien keine rechte Perspektive mehr eintrichtern lassen will … Wir alle kämpfen längst auf unseren Wegen, und niemand hat es wirklich leichter dabei. Und wir alle haben die gleiche Chance, irgendwann zu erkennen, dass wir vielleicht gar nicht so viel kämpfen müssen – wenn wir uns nur endlich befreien könnten von alten Abhängigkeiten, von den Erwartungen der anderen, von unzweckmäßigen Überzeugungen und vermeintlich unerschütterlichen Wahrheiten, die dem Lebensglück im Wege stehen. Wenn wir den Mut aufbringen könnten, uns selbst und unseren Gefühlen zu vertrauen, und wenn wir die Freiheit entdecken könnten, andere Entscheidungen treffen zu dürfen als bisher. Dann würden wir vielleicht leichter vorankommen und auch etwas Neues am Wegesrand entdecken, was uns überrascht, zufriedenstellt und dankbar sein lässt. Wir bemerken dann möglicherweise sogar, dass uns mit einem Mal Dinge zufallen, ohne dass wir uns darum bemühen mussten.

Hoffnung oder Vertrauen?

Dante Alighieri, der in seiner »Göttlichen Komödie« ein grandioses Porträt des spätmittelalterlichen Glaubenskosmos inklusive Hölle, Fegefeuer und Himmel bietet, widerspricht – zumindest auf den ersten Blick – dieser Wahrheit, dass man die Hoffnung loslassen und stattdessen lieber vertrauen müsse. Denn ausgerechnet an der Pforte zur Hölle steht ja bekanntlich: »Lasst, die ihr eintretet, alle Hoffnung fahren!« (*Lasciate ogni speranza, voi ch'entrate!*) Aber möglicherweise war Dante ein Schussel und hatte nur seine Notizen durcheinandergebracht, denn so sollte auch »Lasst alle Hoffnung fahren, und dann tretet ein!« (*Lasciate ogni speranza, e poi entrate!*) den Eingang zum herrlichen Paradies verkünden. Vermutlich gilt eben doch beides, und man muss erst durch die Hölle, um in den Himmel zu gelangen: Erst wird es schlimmer, bevor es besser werden kann! Und vor dieser Hürde hockt man dann und tut lieber gar nichts.

> *Jeder von uns befindet sich längst auf seiner abenteuerlichen Reise vom Kopf zurück ins Herz, ins Gefühl und ins Urvertrauen.*
> *Und niemand hat es wirklich leichter dabei.*
> *Wir alle haben die gleiche Chance, irgendwann zu erkennen, dass wir vielleicht gar nicht so viel kämpfen müssen –*
> *wenn wir uns nur endlich aus alten Abhängigkeiten befreien würden.*

Und wo wir schon einmal im Paradies unterwegs sind: Denen, die Gott am meisten liebt, so heißt es, erfüllt er keinen ihrer Wünsche! Er zerschmettert erbarmungslos ihr Ego mit all seinen begrenzten Vorstellungen und Hoffnungen, bis sie sich wieder dem Unerwarteten und Unvorstellbaren öffnen können.

Bei jenem abendfüllenden Dialog in Frankfurt, von dem ich schon erzählt hatte, sprach Johannes Lorenz, der durch den Abend führte, über die Geschichte von Jesus auf dem Meer. Während ein Sturm über dessen Segelboot hereinbrach und die Jünger panisch umherliefen und die Hoffnung verloren, ruhte er einfach weiter im Vertrauen und in der Zuversicht.

Und er sprach zu ihnen: Warum seid ihr
furchtsam? Habt ihr noch keinen Glauben?
(Markus 4, 35-41)

Solange nicht auch wir den Mut zum (Ur-)Vertrauen wiederfinden, leiden wir für unsere Hoffnungen und Wunschvorstellungen. Und in der Enttäuschung unerfüllter Erwartungen ringen wir so lange mit der Unmöglichkeit, alles bekommen zu können, was wir uns wünschen, bis wir schließlich aufgeben und die Demut entdecken *müssen* – um zu erkennen, dass sie das größte Geschenk der Schöpfung ist, das die ganze Zeit geduldig darauf gewartet hat, dass wir es annehmen. Schon das Leben, spätestens aber das Sterben zerschmettern unser kleines Selbstbild gnadenlos mit den Enttäuschungen seiner grandiosen Erwartungen und großen Hoffnungen, so lange, bis das Unerwartete und Unvorstellbare uns endlich wieder durchdringen kann. Der Versuch, sich die Wirklichkeit vorzustellen, von der der Kopf und alle seine Gedanken doch nur ein Teil sind, ist in etwa so effizient wie einen Wal in ein Wohnzimmeraquarium stopfen zu wollen. Er passt einfach nicht vollständig hinein, auch nicht, wenn wir ihn in Stücke zersägen. Die Realität kann nicht vorgestellt und abgebildet werden, nur erfahren und erlebt. Und dazu müssen wir ab und zu heraus aus diesem Kopf, hinein ins Herz und damit hinein in das Wunder.

Es braucht zweifellos eine Menge Urvertrauen, um die Hoffnung loszulassen und um daran zu glauben, dass alles schon seinen rechten Gang gehen wird. Und es braucht vor allem den Mut, ehrlich zu sein und sich der Wirklichkeit zu stellen, um weder sich selbst noch andere länger belügen zu müssen und von den Lügen der anderen abhängig zu sein. Nichts braucht mehr Mut, als das zu fühlen, was das Herz fühlen will. Manchmal ist das, was wir brauchen, leider nicht das, was wir wollen. Das anzunehmen ist schwerer, als einfach weiter seinen Selbstbetrug zu rechtfertigen. Wir denken oft, alles wäre ganz wunderbar, wenn sich alles unseren Erwartungen anpassen würde, statt dass wir unsere Einstellung verändern. Deshalb manipulieren wir lieber so lange an den Umständen herum, bis sie unseren Erwartungen entsprechen. Oder bis wir darin ausbrennen, weil das nicht immer gelingen kann.

Das zweite Leben ist ein Leben, in dem wir uns unserer Vergänglichkeit bewusst sind und Dankbarkeit für jeden Moment empfinden, in dem wir es erfahren können. Es ist ein Leben, in dem die Vergangenheit, die sich auf ewig in die Zukunft retten will, endlich ihre letzte Ruhe findet.

Hoffentlich alles unter Kontrolle!

Wir durchdenken, durchleuchten und bewerten; wir überwachen und sichern uns ab; wir erwarten, wünschen und hoffen; und wir werden doch viel zu oft enttäuscht. Für das, was wirklich wichtig ist, gibt es selten Garantien im Leben. Und mir scheint, Kontrolle steht am Ende auch jedem Erleben und Erfahren im Weg, jeder Form von Hingabe und Leidenschaft. Zweifel mögen harmlos sein, wenn wir einen Text schreiben und ihn noch zehn Mal Korrektur lesen müssen, um bloß keine Fehler zu übersehen, aber für einen Maler ist das schon schwieriger: Wenn er am Ende wieder anfängt, alles Geschaffene zu übermalen, wird er nie fertig. Wer ganz im Vertrauen im kreativen Fluss ist, der hat weniger Nacharbeit und mehr Spaß bei dem, was er tut. Worauf ich hinauswill, ist, dass in vielen Bereichen Misstrauen und Kontrolle schwerwiegende Konsequenzen haben, die das Leben irgendwann deutlich beschränken können, weil sie dem Erleben im Weg stehen. Ohne Vertrauen entwickelt sich schlimmstenfalls das ganze Denken zum automatischen Sicherheitsprogramm: zum Zwangsdenken und zur Zwangsstörung, zur Kontrollobsession und Sucht – zum 24-Stunden-Überwachungsprogramm, das für unsere Sicherheit garantieren soll. Dann trauen die Gedanken nicht einmal mehr sich selbst. Wir denken, denken und denken, können nicht mehr aufhören und denken am Ende noch, dass wir endlich wieder die Kontrolle über das Denken zurückerlangen müssen. Noch mehr Kontrolle. Noch ein neues Problem, das gelöst werden muss. Noch mehr neue Gedanken.

Wo Misstrauen und Kontrollzwang herrschen, ist der Wahn oft nicht mehr weit. Dann ziehen Unsicherheiten unsere Aufmerksamkeit so sehr auf sich, dass wir immer neue Unsicherheiten suchen und uns bald auch noch welche einreden. Dann wird aus Misstrauen und Kontrolle erst Kontrollzwang, dann Kontrollwahn.

> *Wenn ich meine Verantwortung für meine Gedanken und Einstellungen wiederentdecke, entdecke ich auch die Möglichkeit wieder, den unglücklichen Umständen und schicksalhaften Fügungen die Macht über mich zu nehmen.*

Wahn ist in einer Gesellschaft mit geringem gegenseitigem Vertrauen, aber hohen gegenseitigen Erwartungen in Bezug auf Sicherheiten leider schrecklich ansteckend. Medizinische Gremien, die dem Wahn verfallen sind, jede Befindlichkeit des Menschen zu klassifizieren, haben sich inzwischen sogar einen Namen und eine Nummer in ihrem internationalen Diagnoseklassifikationssystem[2] einfallen lassen: »Induzierte Wahnhafte Störung – F24«. Nur ein paar Seiten weiter in diesem System finden sich interessanterweise Krankheiten wie »Anpassungsstörungen – F43.2«, die beispielsweise bei Menschen diagno-

stiziert werden, die nach einem Trauerfall nicht »norm-
gerecht« trauern können und nach vier Wochen noch
immer nicht normal funktionieren wollen. Immerhin
sind davon allein schon zwei bis acht Prozent der Bevölkerung betroffen, schätzt man.

Ich habe einmal gegoogelt: Es findet sich nicht eine
einzige Erkrankung mit dem Namen »Vertrauensstö-
rung« oder »Sicherheitswahn« in diesem Katalog ...

Nichts ist sicher!

Kürzlich schlug ein Brandmelder in meinem Wohnhaus
Alarm – mit seinem unerträglich grellen Pfeifton. Es gibt
kaum einen anderen Gegenstand unserer modernen
Zeit, der das ganze Dilemma des besagten Sicherheits-
wahns so exemplarisch verkörpert wie der Brandmelder.
Am diesem Beispiel lässt sich darstellen, wie der Irrglau-
be von Sicherheit entstehen kann:

In der Lobbyvereinigung »Forum Brandrauchpräven-
tion«, das mit seiner Kampagne »Rauchmelder retten
Leben« daran mitwirkte, dass der Einbau der Melder in
allen Haushalten verpflichtend wird, sitzen, wen wun-
dert's, auch alle großen Hersteller der Geräte selbst. Ihre
Statistiken, die die Gesetzgebung berücksichtigt hat,
werden auch von Zeitungen wie *DIE WELT*[3] oder den
NACHDENKSEITEN[4] überzeugend in Zweifel gezogen.
Trotzdem stellt kaum jemand die Brandmelder selbst

infrage. Jetzt wird es eben Gesetz. Und es klingt ja auch alles so wunderbar und sicher. Auf den ersten Blick zumindest.

Aber gibt es auch Statistiken darüber, wie viele Menschen am Ende beim Wechseln der Batterien und bei der Installation von der Leiter fallen und sterben? Und wenn uns dieser Melder mit seinem Blinken und seiner allgegenwärtigen Anwesenheit vierundzwanzig Stunden lang jeden Tag unbewusst vergegenwärtigt, dass man in seiner Wohnung verbrennen könnte, wer weiß dann, ob dieser unbewusste Stressfaktor am Ende nicht auch den einen oder anderen von uns statistisch gesehen auf dem Gewissen hat? Aufgrund von Stress, Angsterkrankungen und Depressionen? Es klingt wie eine Satire, aber wir schieben dann womöglich nur die »Opfer« von einer in die nächste Statistik. Nach einer Studie, die das *British Medical Journal* in Auftrag gab, sterben in der westlichen Welt zum Beispiel jedes Jahr etwa 500 000 Menschen an den Nebenwirkungen von Psychopharmaka. Die tauchen sicherlich in keiner Statistik über den Nutzen von Brandmeldern auf.

Und wer weiß schon, was allein die Fehlalarme alles anrichten: Feuerwehrmänner, die losstürzen, mit Blaulicht und Karacho durch den Verkehr rasen – wieder Stress für alle Beteiligten. Allein in Hamburg rückte die Feuerwehr im letzten Jahr 1600 Mal wegen solcher Fehlalarme aus. Wem sind die Ausmaße überhaupt noch bewusst? 1600 zusätzliche Feuerwehreinsätze bei gerade mal 1,7 Millionen Einwohnern in der Stadt? Das macht dann vielleicht 75 000 Einsätze bei 81 Millionen Bundesbürgern pro Jahr … Und wie gesagt, Brandmelder stehen hier nur exemplarisch für ein viel umfassenderes Problem.

Eine Fehlannahme ist, dass sich Lebenszeit in Lebensjahren ausdrücken lässt. Tatsache ist: Wir können gleichzeitig länger und doch weniger leben.

Die Gesamtfolgen – und damit meine ich noch nicht einmal die Kosten! – kann schon bei den Brandmeldern niemand abschätzen. Aber am Ende ging es bei der Pflicht, Brandmelder zu installieren, ohnehin vielleicht nicht um Menschen, sondern um Sachschäden, die dann wiederum Lobbyverbände, Versicherungen und Industrie beschäftigen. So bleibt das System ein Selbstläufer, und kaum jemand stellt das infrage. »Rauchmelder retten Menschenleben!« – das schlägt pauschal alles tot. »Jedes gerettete Leben rechtfertigt 1000 Fehlalarme« ist genauso ein Pauschalurteil.

Wo führt das alles langfristig hin? In einem bestimmten Bereich haben wir dann mehr Sicherheit, leben statistisch vielleicht auch zwei Jahre länger, hocken aber mutlos und gelangweilt zehn Jahre davon vor dem sicheren Fernsehapparat. Ich glaube außerdem, eine der zugrunde liegenden Fehlannahmen ist, dass sich Lebenszeit in Lebensjahren ausdrücken lässt. Tatsache ist aber: Wir können gleichzeitig länger und doch weniger leben. Und womöglich werden irgendwo in China für einen Hungerlohn an den Fließbändern in einem Monat mehr Lebensjahre vergeudet – allein für die Produktion von Brandmeldern –, als alle Brandopfer der Welt zusammen gelebt hätten.

Sicherheit schafft kein Vertrauen! Sicherheit schafft keinen Frieden, Sicherheit ist keine Freiheit – sie bedeutet Abhängigkeit. Wir vertrauen keinem Brandmelder, wir misstrauen uns selbst, den anderen und dem Schicksal. Je mehr Sicherheiten wir uns auf der einen Seite einreden, desto mehr Unsicherheiten und Zweifel müssen wir woanders ausblenden. Es geht darum, eine sinnvolle Balance zwischen Sicherheit und Vertrauen zu finden.

Retten wir doch erst einmal uns selbst!

Aber vielleicht ist das alles richtig so, weil es zu ernüchternd wäre, auf die wahren Ursachen zu schauen. Die vielleicht auch wieder nur in unserer Entfremdung zu finden wären. Denn haben wir eine Wahl, wenn wir die Geborgenheit der Gemeinschaft gegen die Sicherheiten von Singlewohnungen tauschen? Dann müssen eben Brandmelder auf uns aufpassen. Das ist der Preis.

Wenn am Ende dieser Entwicklung kein Vertrauen und keine Geborgenheit mehr zu finden sind, bleiben uns nur unsere Erwartungen an Sicherheiten und die Hoffnung, dass sich schon alles zum Besseren wenden wird. Aber Hoffnung bedeutet immer auch Zweifel, und darin versteckt sich die Angst. Ein spanisches Sprichwort sagt: »Wer von Hoffnung lebt, stirbt an Verzweiflung.«

Kontrolle ohne Vertrauen schreit nach immer mehr Kontrolle. Irgendwann misstrauen wir dann auch jeder Kontrollinstanz. Erst wer sich dem steigenden Bedarf an Sicherheit auch einmal verweigert und damit frei von Abhängigkeiten wird, kann intuitiv das wirklich Richtige tun, sich seinen wahren Bedürfnissen stellen und sich neuen Überzeugungen und Vorstellungen öffnen.

Je weiter ein System aus seinem natürlichen Gleichgewicht gebracht wird, so glauben wir heute wohl, umso mehr müssen wir mit Regulierungen gegensteuern, um zu verhindern, dass es in einen chaotischen Zustand kippt. Dabei ist es doch gerade erst ins Wanken geraten, weil wir so viel »richtig« machen wollten. Das Einzige, was wir zuerst einmal retten sollten, sind wir selbst!

Lassen wir uns doch wieder einmal vom Leben überraschen, vom Urvertrauen irgendwohin tragen, ohne das Ziel zu kennen! Es sind nur Vorstellungen, Gedanken und Erinnerungen, die uns abhalten – und damit Vergangenheit. Eine andere Zukunft ist nur möglich, wenn man die Vergangenheit ein Stück weit loslässt. Dieses Leben, das wir jetzt führen, ist ohnehin nur ein Resultat davon, dass alles anders kam, als wir es erwartet hatten. Wer hatte vor zehn Jahren schon Facebook auf dem Radar, wer hat gestern gewusst, dass er jetzt diesen Satz hier lesen würde? Wir können nur begehren, was wir kennen. Doch was, wenn es im überraschenden Augenblick viel mehr zu erleben gibt?

> Lassen wir uns doch wieder einmal vom Leben überraschen, vom Urvertrauen irgendwohin tragen, ohne das Ziel zu kennen!
> Das Leben, das wir jetzt führen, ist ohnehin nur ein Resultat davon, dass alles anders kam, als wir es erwartet hatten. Wir können nur begehren, was wir kennen. Doch was, wenn es im überraschenden Augenblick viel mehr zu erleben gibt?

Was wir uns für die Zukunft wünschen, ist ohnehin oft nichts als eine Wiederholung von intensiven Erfahrungen, die wir in der Vergangenheit erlebt haben. Vor dem wahrlich Neuen, vor dem Unsicheren, dem Unbekannten und Ungeplanten flüchten wir uns lieber in Erinnerungen. Dabei war es doch gerade das Überraschende, das früher etwas zum Besonderen gemacht hat. Etwas passierte zum ersten Mal, wir hatten noch keine Vorstellung oder Ahnung davon, was es mit uns anstellen würde – es war ein direkter Kontakt zwischen Realität und

Gefühl, am Kopf vorbei. Was aber schon in der Vorstellung beginnt, bevor es überhaupt stattfindet, kann auch nur als Erfüllung der Erwartung in Gedanken enden – selten als neues Gefühl.

Alles ist vergänglich, aber solange wir leben, dürfen wir auch entscheiden, an welchen Erinnerungen wir festhalten wollen. Und die schönsten Erinnerungen sind gerade deshalb so besonders, weil sie nicht geplant waren. Weil es eben neue Erfahrungen waren. Wenn wir das vergessen, wenn wir unsere schönen Erinnerungen wieder und wieder in der Zukunft wiederholen wollen, überschreiben und zerstören wir die besonderen Momente der Vergangenheit in der Zukunft. Wäre es nicht viel sinnvoller, stattdessen die nicht so schönen Momente der Vergangenheit durch gänzlich neue, überraschende Erfahrungen zu überschreiben – mit Erfahrungen, an die wir uns am Lebensende auch besonders gern erinnern wollen? Dazu müssten wir mutig sein, uns unserer Vergangenheit stellen – unseren Ängsten! –, vergeben, konfrontieren, überschreiben. Loslassen und demütig sein.

Ein Augenblick der Demut

Einen besonderen Moment der Demut und Hingabe erlebte ich auf dem Meer. Es war sehr heiß, mein Ruderboot bewegte sich keinen Millimeter. Ich lag in meinem nassen Schlafsack in der winzigen Kabine, als ich bemerkte, dass draußen ein Wal abbliesl

Ich bin aufgewühlt, die letzte Nacht war eine einzige Gewitterhölle. Es blitzte ungeheuerlich. Die See schwappte wie kochendes Quecksilber – so etwas hatte ich noch nie erlebt. Ich entriegle die beschlagene Luke, binde mir die Sicherungsleine an die Fußfessel und ziehe mich raus aufs Ruderdeck. Was für ein Anblick! Die aufgewühlten Wellenberge der letzten Nacht sind wie überwärmtes Naschwerk eines Zuckerbäckers einfach in sich zusammengefallen – die See ist fast spiegelglatt, das Meer ist müde.

Der etwa acht Meter lange Minkwal, der mich seit zwei Wochen begleitet und den ich Tilli-Willi getauft habe, taucht auf und schiebt das Rostrum, sein Maul, aus dem Wasser. Aber er taucht nicht wieder ab. Hält den Kopf oben und blickt mich mit seinem Walauge an, in dem – wie in einer pechschwarzen kleinen Glaskugel – nichts als das Wunder des Augen-Blicks zu erkennen ist. Ein einziger langer, großer Augen-Blick, in dem die gesammelte Fassungslosigkeit meines ganzen Lebens Platz findet. Ich beuge mich schnell über die Reling, ohne den Blickkontakt zu lösen, er schwimmt direkt vor mir. Und dann verschwimmt meine ganze Welt auf der Netzhaut. Tränen rollen mir über die Wangen und tropfen in das Meer. Wenn man, wie es heißt, der Seele eines Menschen am nächsten ist, wenn man seine Tränen trinkt, dann ist man in diesem Augenblick mit ihm ganz eins. Der Wal und ich. Er schwimmt in meinen Tränen. Auf der Tonspur meiner Kameras, die alles aufzeichnen, ist nichts zu hören: Totenstille, in Stereo. In mir: einfach nur tiefste Demut. Und in diesem Wesen spiegle ich mich selbst in diesem Augenblick. Anders ist es nicht zu beschreiben.

Es wird der letzte Morgen sein, an dem ich meinen Wal sehe. Zurück bleibt die Stille, für einen ganzen Tag und eine ganze Nacht – absolute, alles durchdringende Stille.

Nichts ist zu hören, das Meer nicht, der Wind nicht, und auch das Boot macht keinen Lärm. Da ist einfach nur Stille. Mein Ruderboot scheint festgefroren in der Zeit – trotz der unerträglichen Hitze. Das Salzwasser des Ozeans hat das Uhrwerk der Welt zerfressen. Nichts da draußen bewegt sich, doch dann schiebt sich endlich das Klopfen meines Pulses durch das Kapillargeflecht in meinem Trommelfell und verhindert, dass sich die Welt im nächsten Augenblick in Nichts auflöst. Ich höre meinen Puls, und das ist alles. Ich gebe mich dem Sein hin, bin jetzt einfach nur hier. Ich bin dankbar und zutiefst demütig vor dieser unbegreiflichen Schöpfung … und begreife mich als ein Teil von ihr.

Mit aller Macht am Steuer

Demut ist nicht zu verwechseln mit Knechtschaft, Unterwerfung oder Unterdrückung. Demut bedeutet auch nicht, aufzugeben oder sich auszuliefern. Demut ist Hingabe. Nur Macht ohne Rücksicht und Verantwortungsgefühl versklavt jeden, der an sie glaubt! Den, der sie sich nimmt, und den, der sich ihr ausliefert. Wer die Verantwortung nicht erkennt, die »Macht« von ihm einfordert, fällt ihr selbst zum Opfer. Wer keine Verantwortung für andere übernimmt, wird auch keine Verantwortung für das eigene Leben übernehmen; er wird fremdbestimmt von Idealen und Werten leben.

Jede unserer Handlungen ist ein schöpferischer Akt, mit dem wir unsere Zukunft und die des Universums mitgestalten. Je mehr wir uns dieser Verantwortung bewusst sind, desto achtsamer und rücksichtsvoller werden wir handeln. Und wir haben die Wahl: Wir dürfen entscheiden, wie klein wir uns fühlen wollen und wie viel Bedeutung wir jeder Handlung zubilligen.

Menschen, die daran glauben, dass sie die Macht haben, andere zu verurteilen, erhalten diese Macht doch nur von denen, die sich ausliefern, die sich verurteilen lassen. Jesus sagte, wenn einem jemand auf die Backe schlägt, solle man noch die andere hinhalten. Damit ist nicht gemeint, »sich fertigmachen zu lassen«, sondern sich zu entwaffnen und stark genug zu sein, nicht »zurückzuschlagen« – zu zeigen, dass wir uns so nicht mehr unterwerfen lassen. Dann müssen wir auch nicht mehr aus Furcht weglaufen, sondern können uns einfach umdrehen, loslassen und gehen. Wir hören auf, den anderen zu verurteilen, wenn wir begreifen, dass der andere auch nur ein Opfer von sich selbst geworden ist. Wir vergeben, zeigen uns stark und demütig. Wir leben vor, dass es auch anders geht und dass es andere Wege aus Angst und Verzweiflung gibt als Macht und Unterwerfung.

Demut ist heute fast schon ein Fremdwort geworden. Ich habe mich selbst sehr lange schwer damit getan, dieses Wort in den Mund zu nehmen. Ganz zu schweigen davon, Demut zu verstehen oder zu empfinden. Eine Mitverantwortung daran tragen auch die Kirchen und Religionen, die Demut predigen, aber jahrhundertelang Menschen mit ihrem Anspruch, den einzig allmächtigen Gott zu kennen, beherrscht haben. Vom goldenen Thron aus regierte ihre Nächstenliebe, mit Schwert und Streckbank brachten sie ihre Demut in die Welt. Ebenso wie der Kontrollwahn kein Zeichen von Souveränität, sondern von Angst ist, ist auch Macht kein Zeichen von Stärke, wenn man zu schwach ist, verantwortungsbewusst damit umzugehen. Macht ohne Verantwortungsgefühl ist Machtwahn.

Gehen Wolfsrudel auf Wanderschaft, so habe ich gelesen, läuft das Alphatier hinter dem Rudel, beobachtet und behält den Überblick, der Mächtigste zeigt sich in Demut und Nachsicht. Das Tempo geben die alten und kranken Tiere vor, die voranlaufen, gefolgt von den Stärksten der Gruppe, die ihnen bei Gefahr sofort zur Seite stehen können.

Und bei uns Menschen? Das Rudel wird zerrissen: Vorne laufen diejenigen, die die Ziele einer Leistungsgesellschaft am schnellsten erreichen wollen, hinten die, die nicht mehr nachkommen. Und die »Alphatiere« sind unabhängig vom Rudel, fliegen mit Privatjets daran vorbei und feuern alle an.

Macht versklavt alle. Demut ist das einzige Gegenmittel, und niemand hat Macht über einen demütigen Menschen. Er hält noch die zweite Backe hin, wenn er geschlagen wird, er zeigt denen, die über ihn lachen, noch seine anderen Schwächen. Und damit entwaffnet er! Es war für mich oft kaum auszuhalten, wenn ein demütiger, grundehrlicher Mensch vor mir stand. Mein Ego wurde dann schnell wütend, aber eigentlich hatte ich nur Angst vor meinem wahren Selbst – Angst vor Ehrlichkeit, Demut und Menschlichkeit. Die Schwächen, die ich im anderen verurteilte, waren meine eigenen Schwächen, die ich nicht sehen wollte – weil sie meine wahren Stärken waren. Und es stimmt eben doch: »Vor nichts haben wir mehr Angst als vor unserer wahren Größe.« Wir reden uns klein und überzeugen uns selbst, dass wir darin großartig wären. Ohne wirklich so groß zu sein, wie wir sind. Und wir tun das, weil es die anderen genauso machen und von uns erwarten.

Lasst uns mutig und stark sein, zeigen wir unsere Narben und Schwächen! Der Einzige, der ein Problem aus sich selbst machen kann, sind wir selbst, wenn wir uns für schwach und hilflos halten.

> Der Kopf ist von Haus aus ein Problemlöser.
> Und wir können wundervolle Probleme kreieren,
> um ihn zu beschäftigen: Wenn eines gelöst ist,
> kommt garantiert eines, das noch komplexer ist.
> Bis wir darin ausbrennen, Probleme zu lösen,
> die wir uns selbst erst so groß gedacht haben.

Der Kopf hätte gern Kontrolle und Macht über so viele Dinge, damit er sich stark fühlen kann, macht sich aber doch oft nur zu viele Gedanken um nichts. Wenn wir über alles Macht haben wollen, alles kultivieren, kategorisieren, kontrollieren und beurteilen, dann – so glauben wir – kann nichts mehr Macht über uns haben. Das klingt erst einmal großartig, bedeutet aber auch, dass nichts mehr »etwas mit uns machen kann« … dass uns nichts mehr berühren und »überwältigen« kann. Am Ende macht gar nichts mehr etwas mit uns, und wir wundern uns, dass wir nichts mehr spüren, nicht einmal uns selbst. Also stopfen wir alles in uns hinein,

Versprechungen, Nahrungsmittel, Tabletten, Probleme – bis wir »Bauchschmerzen« davon bekommen, aber wenigstens etwas spüren. Dann fühlen wir uns wenigstens nicht mehr so leer, sind aber überfüllt statt erfüllt.

Das zweite Leben ist ein Leben, in dem man wieder »mehr vom Weniger hat«. Es ist ein Leben, in dem man mit der eigenen Macht verantwortungsbewusst umgeht, damit man damit auch etwas »machen kann« – etwas bewirken, gestalten, verwirklichen, bewegen, berühren. Und das zweite Leben ist ein Leben der Hingabe und Demut, damit das alles hier auch wieder etwas mit uns »machen kann«.

FÜNFTES KAPITEL

Der Weg vom Kopf ins Herz

»Nimm dein Leben in die Hand,
sonst tun es andere.«

WIE KÜHE STEHEN wir manchmal auf der Weide und trauen uns nicht, den Drahtzaun in die Freiheit einfach umzurennen, weil uns andere überzeugt haben, dass es gefährlich sein könnte. Weil irgendwann irgendwo irgendeine Kuh tot umfiel, als sie es überhaupt nur wagte, den Drahtzaun zu berühren. Und nähern wir uns zögerlich diesem lächerlich dünnen Draht und halten aus Neugier kurz den rechten Vorderhuf daran, reicht der kurze Stromschlag schon aus, damit wir es niemals wieder wagen, diese unsichtbare »Grenze aus Angst« zu überschreiten. Und so stehen sieben Milliarden Kühe vor einem hauchdünnen Weidedraht auf ihrer kleinen Weide und ersehnen und fürchten die eigene Grenzenlosigkeit zugleich.

Einer muss eben seine Angst loslassen, das Ding umrennen und die Grenzenlosigkeit erfahren, dann könnte er zurücklaufen und auch die anderen davon überzeugen. Doch vorher müsste er ausbrechen – und diese Entscheidung zur Flucht aus dem Leben der anderen kann nur jeder für sich treffen. Und genau darum fängt es mit uns selbst an …

> Der einzige Mensch, der uns unzufrieden machen und ausbremsen kann, sind wir selbst.
> Macht es mich wirklich unglücklich, wenn jemand über mich richtet? Oder bin ich unglücklich, weil ich ihm das Recht einräume, über mich zu richten – weil ich ihm in meinen Selbstzweifeln Macht über mich gebe?

Kollektive Angst ist die Handbremse des eigenen Lebens. Dazu gibt es eine Geschichte, die ich gerade erst im Internet gelesen habe. Ob sie nun stimmt oder nicht – sie ist ein wunderbares Beispiel dafür, wie kollektive Angst blockieren kann: Sperrt man Affen in einen Käfig, in dem an der Decke eine Banane hängt, und stellt eine Leiter darunter, klettert natürlich sogleich einer hinauf und holt sie sich. Verändert man jetzt aber die Umstände und sorgt dafür, dass jedes Mal alle Affen völlig überraschend mit kaltem Wasser nass gespritzt werden, wenn einer die Leiter hinaufklettert, legen die Affen ein völlig anderes Verhalten an den Tag. Klettert jetzt ein Affe hinauf, um die Banane zu holen, ziehen ihn die anderen von der Leiter. Und je öfter es dennoch einer versucht, umso vehementer schreiten die anderen ein, am Ende gibt es sogar Prügel. Irgendwann traut sich keiner mehr. Jetzt werden die Umstände erneut verändert, und das passiert im Leben ja häufig: Die Wassersprühanlage wird entfernt. Trotzdem traut sich keiner mehr, auf die Leiter zu klettern. Nun entfernt man die Hälfte der Affen und bringt neue in den Käfig, die keinerlei Erfahrung mit der Leiter haben. Sobald sie hinaufklettern wollen, werden sie verprügelt. Und natürlich wissen sie nicht, warum. Also traut sich auch von denen keiner. Am Ende entfernt man auch die andere Hälfte der Affen, die mit der Wassersprühanlage in Kontakt gekommen sind, und lässt neue in den Käfig. Will einer von ihnen sich die Banane holen, wird er verprügelt – von Affen, die nicht einmal wissen, warum sie eigentlich prügeln, die aber aus unerfindlichen Gründen verprügelt wurden, als sie selbst einmal hinaufklettern wollten. Kein einziger Affe, der jetzt im Käfig sitzt, hat jemals einen Tropfen Wasser abbekommen. Aber die Banane hängt oben, und keiner traut sich auf die Leiter.

Was würde passieren, wenn jemand das Paradigma der Angst verlässt und nach Wegen sucht, die Leiter hinaufzuklettern, ohne dabei verprügelt zu werden? Am Ende stehen alle Affen im Käfig, bereit zur Prügelorgie ... und dann kommt da einer runter und isst die Banane.

Der einzige Mensch, der uns unzufrieden machen und uns ausbremsen kann, sind erst einmal wir selbst. Macht es mich wirklich unglücklich, wenn jemand über mich richtet? Oder bin ich unglücklich, weil ich ihm das Recht einräume, über mich zu richten – weil ich ihm in meinen Selbstzweifeln Macht über mich gebe? Ein Beispiel: Alles in diesem Universum ist entweder eine Kartoffel oder nicht. Wenn mich jemand eine Kartoffel nennt, werde ich ihm den Vogel zeigen und nicht deshalb mein ganzes Leben hinterfragen. Nennt mich jedoch jemand einen Versager oder hässlichen Menschen, kratzt mich das womöglich. Die Ursache kann also nur darin liegen, dass wir uns im zweiten Fall selbst nicht so ganz sicher sind. Wir zweifeln daran, ob der andere nicht doch recht haben könnte.

Erst wenn wir erkennen, dass wir nicht das Recht haben, andere Menschen zu verurteilen und in Erwartungen und Vorurteilen einzusperren, begreifen wir auch, dass andere ebenfalls nicht das Recht haben, uns zu verurteilen und in Vorstellungen einzusperren. Wenn wir Erwartungen an andere stellen, dann rechtfertigen wir ganz automatisch damit auch, dass andere an uns Erwartungen stellen dürfen. Die Erwartungen der anderen glauben wir dann genauso erfüllen zu müssen, wie wir erwarten, dass sie unsere Erwartungen erfüllen sollten. Mit der Art und Weise, wie wir andere behandeln, geben wir ihnen die Erlaubnis, uns ebenso zu behandeln. So lebt man schnell das Leben der anderen, jagt ihre Ziele und glaubt, es wären die eigenen, und man meint, anderen erzählen zu können, was sie zu tun oder zu lassen haben beziehungsweise wie sie zu sein oder nicht zu sein haben. Wir verurteilen andere, weil wir selbst verurteilt wurden – wir lassen uns von anderen verurteilen, weil wir selbst verurteilen. So haben wir es gelernt. Aber irgendwann sind wir erwachsen, dürfen umdenken und uns selbst ermächtigen, anders zu sein und zu handeln. Lassen wir doch die anderen in Ruhe mit unseren Erwartungen, lassen wir sie einfach so sein, wie sie sind. Und lassen wir doch auch uns selbst endlich in Ruhe mit unserem Anspruch an uns, ihnen genügen zu wollen.

Die Blase der kollektiven Angst

Solange ich bei diesem Gesellschafts-Monopoly mitspielen will, dürfen auch andere mit mir spielen. Und dann geht es bald nur noch ums Gewinnen oder Verlieren, ums Genügen oder Nichtgenügen, darum, Richter sein zu dürfen oder Gerichteter sein zu müssen. Dabei merkt niemand, dass man sich in einem blöden Spiel verliert, das nicht das Leben ist. Und bei dem es weder Frieden noch echte Freiheit zu gewinnen gibt. Wer mitspielt, hat schon verloren.

Und genau darum ist Vergebung so wichtig, die am Ende immer auch Selbstvergebung bedeutet. Vergebung ist das Ende der Verurteilung, das Ende der Erwartungen, die wir an andere stellen und die man an uns stellen darf. Wenn ich nett zu dir war, du aber nicht nett zu mir bist, vergebe ich dir trotzdem – weil ich lieber frei und ich selbst bin, als ein Spiel zu spielen, in dem sich alle nur in schrecklich beschränkten und begrenzten Vorstellungen und Erwartungen einsperren.

Vergeben heißt nicht, sich auszuliefern und keine Konsequenzen ziehen zu dürfen. Vergeben bedeutet, sich von den Ketten der Schuld und Vorwürfe zu lösen und dadurch Konflikte loslassen zu können. Kann ich nicht vergeben, binden mich meine unerfüllten Erwartungen mit einem dicken Gummiband. Ich kann zwar physisch weglaufen, doch je weiter ich renne, desto mehr zieht mich das Gummiband zurück. Niemand kann gehen ohne Vergebung oder Dankbarkeit. Durch die Art und Weise, wie wir mit anderen umgehen, bestimmen wir, wie die anderen mit uns umgehen.

Die Veränderung kann aber nur in jedem Einzelnen von uns beginnen, und sie beginnt bei den Mutigsten – bei denen, die ihr Vertrauen und ihre Vergebung nicht daran knüpfen, ob die anderen schon so weit sind und ihnen Sicherheiten und Bestätigungen zurückgeben. Jeder neue Weg, der entstehen soll, braucht Pioniere und Vorreiter, die ihn vorleben und für andere begehbar machen.

Wer mutig voranschreiten und hoch hinaus will, der muss allerdings erst einmal tief hinunter wollen, und der muss sich seinen eigenen Ängsten stellen, aber vor allem: allen kollektiven Ängsten, die er verinnerlicht hat! Ängste sind Gedanken, die sich vor Gedanken fürchten, vor eigenen Vorstellungen darüber, was passieren könnte. Und was passieren könnte, wissen wir aus Erfahrung oder weil wir darüber informiert sind. Und je mehr wir davon hören, was alles schiefgehen könnte, umso mehr kollektive Ängste sammeln wir an. Aber wir haben gar keine Erfahrungen mit den realen Gefahren, keine »Gefahrungen« sozusagen. Wir haben also nicht Angst vor der Wirklichkeit, sondern eigentlich vor uns selbst, vor dem, was wir daraus machen. Ob uns das immer bewusst ist?

Wer mutig voranschreiten und hoch hinauswill,
der muss erst einmal tief hinunterwollen.
Er muss sich seinen Ängsten stellen – seinen
eigenen und den kollektiven Ängsten,
die er verinnerlicht hat.

Wenn wir heute in Zeitungen, im Internet oder im Fernsehen von jedem Unglück im letzten Dorf der Welt erfahren und von jedem noch so unmöglichen Unfall und Missgeschick, leben wir schnell in einer Blase der kollektiven Angst und des Misstrauens – wie die Kühe auf einer kleinen Weide, die von einem dünnen Draht umzäunt ist.

Gedanken haben vor sich selbst Angst. Angst aufgrund von eigenen Erfahrungen ist in der Regel sinnvoll, weil sie uns schützt. Wo wir aber zu viele Vorstellungen über Gefahren haben, jedoch zu wenige eigene Erfahrungen damit, wird die Angst zum Selbstläufer. Und sie hindert uns vor allem daran, dass wir ein reales Scheitern in der Vergangenheit eventuell in einem weiteren Versuch revidieren könnten – und in einen Erfolg verwandeln.

> Ängste sind Gedanken, die sich vor Gedanken fürchten, nicht vor der Wirklichkeit.
> Wenn wir zu viele Vorstellungen davon haben, was alles schiefgehen könnte, aber keine neuen Erfahrungen sammeln, wird die Angst zum Selbstläufer. Sie hindert uns damit auch daran, dass wir ein Scheitern in der Vergangenheit in einen Erfolg in der Zukunft verwandeln.

Erst wenn wir Ängste überwinden können, wachsen wir. Wer hoch hinauswill, der muss auch in den Keller. Frei wird, wer Licht in die Dunkelheit bringt, meinte C. G. Jung. Grelles Licht und Spektakel ziehen uns nach außen, die Finsternis nach innen. Aber in den Keller wollen wir nicht gern hinunter, zu unseren Schwächen und Ängsten, die aber auch zu uns gehören. Doch wenn wir sie uns nicht bewusst machen, sammeln wir immer mehr davon an, und irgendwann kommen sie dann aus dem Keller zu uns hoch und verdunkeln uns den Tag. Dann ist da unten kein Platz mehr.

Ängsten kann man sich stellen, wie man sich in einem Boot dem Sturm stellen kann: Die Wellen steuert man dabei in einem stabilen Winkel mit dem Bug an und hält drauf. Im Zweifel kann man auch »ablaufen«, das heißt, sich von den Wellen kontrolliert wegtreiben lassen. Kann man sich aber nicht entscheiden zwischen Konfrontation oder kontrolliertem Wegsegeln, liegt man auf der Seite und kentert am schnellsten. Gar keine Wahl zu treffen ist in einem Sturm also in jedem Fall die ungünstigste Entscheidung.

Die Welt braucht mehr weise Helden

In so großen Gemeinschaften wie denen, in denen wir leben, gibt es unzählige derartige kollektive Ängste und verinnerlichte, unerschütterliche Denkmuster, mit denen wir uns nicht konfrontieren wollen, aber so richtig los kommen wir auch nicht davon. Überall hängen die Bananen an der Decke, aber keiner traut sich, auf die Leiter zu steigen, weil er Verurteilung und »Prügel« fürchtet! Hunger hat jeder!

Im Zeitalter der Informationsflut werden diese Ängste auch im Internet verbreitet, wo gern Prügel ausgeteilt werden. Da hilft es nicht, kluge Theorien zu teilen, wie es denn theoretisch möglich wäre, die Bananen zu holen – um sich dann darüber zu streiten, welche Theorie die richtige ist. Einer muss aufstehen, Denkmuster durchbrechen, das Gefängnis der Angst und Unsicherheit im Kopf verlassen und einen klugen Weg finden, sich diese Banane zu holen, um sie mit den anderen zu teilen. Dann hören sie auch auf damit, uns »verprügeln« zu wollen. Ob das nun eine Banane ist, die Freiheit, Liebe, Glück und Leidenschaft heißt, ist egal. Aber Querdenker und Rebellen müssen sie sich holen und dann nicht nur genüsslich vor den anderen verspeisen, sondern sie auch teilen. Und da in der Gesellschaft oft als klug gilt, was diese Bananen verfaulen lässt, braucht es dazu wohl eine Klugheit jenseits der Klugheit: Weisheit. Einer muss ausbrechen … muss etwas vermeintlich Dummes wagen, damit die anderen erkennen können, dass es wohl doch klüger war als ihre Wahrheiten. Warum eigentlich nicht du oder ich? Habe den Mut, dich deiner eigenen Freiheit zu bedienen!

Wenn wir anderen Menschen erlauben, über unsere Träume und Gefühle zu richten, und ihre Erwartungen bedingungslos und ganz ohne Einspruch an uns selbst vollstrecken, werden auch wir uns bald in ihren Netzen aus Abhängigkeiten, Sicherheiten, Zweifeln, Ängsten und Zwängen verfangen und uns am Ende im abgrundtiefen Kerker der Kausalität wiederfinden. Dort, wo immer alles einen nachvollziehbaren Grund, eine Ursache haben muss – und ein rechtes Ziel, ein sinnvolles Ende.

Und in diesem Verlies der Vergänglichkeit werden auch wir langsam verfaulen. Alle Leidenschaft und Sinnlichkeit zerstreut sich dann: indem wir uns bei jeder Kleinigkeit nach einem Sinn fragen und später dann, wenn Zweifel am Sinn aufkommen, an völliger Sinnlosigkeit verzweifeln. In allem suchen wir einen Sinn, aber vielleicht sollten wir uns einmal nach dem Sinn des Sinns fragen. Und danach, worin eigentlich der Sinn liegen soll, dass wir uns selbst das Leben oft so schwer damit machen, dass uns nichts und niemand mehr reicht.

An jedem Tag, an dem wir uns aufmachen,
den Sinn dieses Lebens zu suchen, anstatt
ihm selbst einen Sinn zu geben, verlieren wir
einen weiteren Tag. Wer sich nicht selbst
verwirklicht, verwirkt sein Leben.
Nur du selbst »machst« Sinn.
Und nur jetzt kannst du dich verwirklichen.
Wer jetzt nicht damit beginnt, für den wird das
»Jetzt!« irgendwann ein »Zu spät!« sein.

An jedem Tag, an dem wir uns aufmachen, den Sinn dieses Lebens zu suchen, anstatt ihm selbst einen Sinn zu geben, verlieren wir einen weiteren Tag. Nur du selbst »machst« Sinn! Und nur dieses eine Menschenleben bleibt dir. Das »Jetzt!« kann irgendwann ein »Zu spät!« sein. Die Zeit verrinnt erbarmungslos.

Natürlich können wir den Sinn des Lebens auch noch im vermeintlichen Anbeginn und Ende aller Schöpfung suchen, anstatt ihm jetzt Sinn zu geben. Wir können suchen, so lange wir wollen, in Wissenschaft, in Religionen, in Büchern, im Internet. Um dann vielleicht doch nur zu erkennen, dass der Grund keinen Grund, dass ein Sinn keinen Sinn haben kann – dass alles einfach nur so ist, wie es eben ist, dass wir selbst der Beginn, der Grund, der Sinn und das Ende sind und alles mit uns verloren geht, wenn wir diese Welt wieder verlassen. Es gibt keine Wahrheit, nur unsere Meinungen über die Wirklichkeit. Wenn ich wirklich begreifen will, muss ich es leben oder erleben. Alles andere ist nur eine Theorie dazu. Und ist es nicht toll, dass jeder seine eigene Meinung haben kann? Wie sagte schon Evelyn Beatrice Hall:

Ich verachte Ihre Meinung, aber ich gäbe
mein Leben dafür, dass Sie sie sagen dürfen.

Also sollten wir uns auch wieder eine eigene lebensbejahende Meinung über die Welt und uns selbst bilden, indem wir eigene Erfahrungen sammeln, auf die wir Lust haben und die unsere Fantasie wieder erwecken. Indem wir das Leben erleben und immer wieder neu erfinden, anstatt uns darüber nur berichten zu lassen. Wir haben nur zu gewinnen! Indem wir uns berühren lassen und fühlen. Alles wird vergehen, auch unsere in Zement gemeißelten Meinungen und Wahrheiten und alle unsere

Ängste und Sorgen landen unter der weichen Erde – bald wachsen Blumen darüber. Wir haben nichts zu verlieren.

Ein paar von uns sollten also mutig sein, andere Erfahrungen sammeln, andere Wege gehen und sich ihre eigene Meinung zur »Wahrheit« bilden. Sie sollten losziehen, sich ihren Ängsten stellen, Mut fassen, sich den Drachen anschauen, dessen Schwächen entdecken und ihn dann erschlagen. Sie sollten aber von ihrer »Heldenreise« auch den Schatz zurückbringen, den der Drache hütete, um die anderen davon zu überzeugen, dass er tot ist. Sonst glaubt es ihnen niemand. Ein weiteres Abenteuer beginnt, wenn der Drache zwar tot ist, aber der Schatz, den er hütete, so groß ist, dass er nicht in die Köpfe der Menschen passt. Keiner glaubt dem Helden. Dann bleibt ihm nichts anderes übrig, als zum Weisen zu werden und Wege zu finden, den Schatz zu teilen.

Die Welt braucht mehr Helden, und vor allem braucht sie solche, die auf ihrer Heldenreise zur Lebensweisheit gelangen, die etwas lernen von den Drachen, die sie überwinden – ihren eigenen Ängsten. Die Welt braucht mehr *weise* Helden, keine weiteren Adrenalinjunkies, die ihr Leben riskieren müssen, um sich lebendig zu fühlen. Es braucht Menschen, die andere am Erlebten teilhaben lassen. Aber weise wird man nur auf einer langen Reise und nicht einfach, weil man einmal springt oder kämpft …

Und was ist mit den anderen?

Wir sind das, was denkt – und nicht das, was wir in all unseren Gedanken aus uns machen, egal, wie klug sie sein mögen. Wir sind mehr als die Summe aller Eigenschaften und Urteile. Wir sind mehr als eine Vorstellung, mehr als ein Konzept aus Bildern, Zahlen oder Buchstaben, mehr als ein Name, ein Alter, eine Sozialversicherungsnummer. Wir sind mehr als eine Kopie, mehr als ein Selbstbild. Wir sind mehr als jede Wahrheit – egal ob diese naturwissenschaftlich oder religiös ist. Unser Feuer brennt im Herzen, und es brennt heller als jedes Neuronenfeuer im Gehirn. Wir sind größer als das, was man uns in Schulen und Büchern beibringt. Wir passen doch gar nicht in eine Kategorie oder Schublade, in ein enges Rollen- oder Feindbild, in keine Nationalität, Religion oder Bevölkerungsschicht. Wir sind einfach – du, ich –, und wenn wir dieses Wunder erkennen, erkennen wir auch, dass alle anderen genauso sind und auch so zur Welt kamen: bedingungslos liebenswert, gleichermaßen besonders und vollkommen. Natürlich kann man sich in der Vorstellung verlieren, wer man gern wäre, man darf sich aber auch in sich selbst verlieben, so wie man ist. Menschsein bedeutet beides: der zu sein, der man ist, und sich dennoch zu verwirklichen, das heißt, sich in jemanden zu verwandeln, der man sein möchte.

Ich war immer ein schrecklich introvertierter Mensch und träumte davon, aus mir herauszukommen. Und heute bin ich ein introvertierter Mensch, der sich selbst in dem Traum verwirklicht, extravertiert zu sein. Ich lebe beides, und ebendas bedeutet auch zu wachsen. Ich bin, wie ich bin, und ich verwirkliche mich weiter – Sein und Seinwollen und ab und an auch mal Seinsollen! Ich kenne meine Wurzeln und habe begriffen, dass diese Introvertiertheit nichts ist, vor dem ich weglaufen muss, sondern dass aus ihr erst die Kraft erwächst, auch einmal anders sein zu können: auf der Bühne vor Hunderten Menschen zu stehen beispielsweise und es zu genießen. Und es ist auch in Ordnung, dass ich mich danach lieber wieder zurückziehe und die Stille suche.

> Man kann sich vorstellen, wer man gern wäre, man darf sich aber einfach auch in sich selbst verlieben, so wie man ist. Menschsein bedeutet beides: der zu sein, der man ist, und sich dennoch zu verwirklichen, das heißt, sich in jemanden zu verwandeln, der man sein möchte. Zufrieden ist man, wenn Sein und Seinwollen sich in Balance befinden.

Früher bin ich fast verrückt geworden, weil ich meinte, mich endgültig zwischen Schwarz und Weiß, zwischen der einen oder der anderen Seite entscheiden zu müssen. Ich bin, wie ich bin: ein Mensch, der immer mal wieder gern anders ist als am Vortag. Ich bin ein Auf und Ab, ein Vor und Zurück – ich bin wie die Wellen auf dem Meer.

Wer sich selbst ein Leben lang nur suchen will, kann getrost weiterhin den anderen hinterherlaufen, die sich auch alle suchen. Wer sich aber irgendwann auch finden will, der muss einen anderen, nämlich den eigenen Weg beschreiten, den Weg ins zweite Leben.

»Liebe ist die Abwesenheit von Urteil«, sagte der Dalai Lama. Vielleicht ist das sogar das höchste Ziel im Leben: sich selbst zu lieben – sich wieder zu finden und anzunehmen, sich zu vergeben und nicht mehr zu verurteilen. Und erst dann kann man auch bedingungslos für andere da sein und aufhören, sie zu verurteilen. So verändern wir die Welt in eine Welt der Liebe.

Auf der Reise zu mir selbst, vom Kopf zurück ins Herz, sind die anderen mein Spiegel, in dem ich mich erkennen darf. Wie ich sie behandle und betrachte, so behandle und betrachte ich mich selbst. Was ich von ihnen erwarte, dürfen sie von mir erwarten und erwarte ich damit selbst von mir.

Ich bin, was ich bin – es ist, wie es ist. Der Verstand ist nur ein Teil davon. Wenn uns das bewusst ist, übernehmen wir volle Verantwortung für unsere Handlungen und im Besonderen auch über unser Denken. Wir unterbrechen die Gedankenautomatismen, die viel zu schnell alles und jeden verurteilen und bewerten. Es ist ein kollektives Programm, das in den Köpfen von Millionen Menschen in einer Gemeinschaft in einer Endlosschleife läuft. Es ist der Konsens, mit dem wir jedes Kind programmieren, das in unsere Gemeinschaft hineingeboren wird. Und das ergibt auch Sinn, doch das zweite, das eigene Leben zu leben bedeutet, dieses Programm hin und wieder anzuhalten und durch bewusste eigene Gedanken und neue, andere Erfahrungen zu ersetzen. Wir sind nicht nur die Gemeinschaft, wir sind auch ein Individuum, das sich verlieren kann, wenn es nur nach kollektiven Programmanweisungen handelt. Wir haben die Wahl, schön zu finden, was wir schön finden wollen – auch wenn es anderen nicht gefallen will. Es macht Angst, so viel Verantwortung für das eigene Urteilsvermögen zu übernehmen, aber nichts und niemand hindert uns daran, jetzt schön zu finden, was wir gerade noch hässlich fanden. Nichts außer unserem Zweifel! Und ich glaube, der Weg zurück zu unserem wahren Selbst ist ein Weg, der diese Zweifel ausräumt. Es ist der Weg hin zu der Erkenntnis, dass wir Schöpfer unserer eigenen Wirklichkeit sind – durch die Kraft unserer Gedanken.

Aber natürlich steht das wirkliche Wunder Mensch mit einem echten freien Willen in völligem Widerspruch zu dem, was uns beigebracht wird; es entspricht nicht den üblichen Idealen und Normen, die Menschen angeblich zu erfüllen haben. Aber wofür stehen diese Normen? Und müssen wir sie nicht infrage stellen?

Zweifel an Normen

Nicht selten in der jüngeren Menschheitsgeschichte erreichten Wertegemeinschaften einen Punkt, an dem eine große Anzahl an Individuen daran zu zweifeln begann, dass die gegenwärtigen Lehrmeinungen und Wertvorstellungen überhaupt noch mit dem menschlichen Streben nach Zufriedenheit und Freiheit zu vereinbaren waren. Und mit den einzigen Lösungsansätzen, die ihnen aus ihren Weltanschauungen bekannt waren, die sich aber nicht bewährt hatten, versuchten sie nun erfolglos, ihrer eigenen Weltanschauung, das heißt ihren Paradigmen und Dogmen, zu entfliehen – gerieten aber nur noch tiefer hinein. Fanden sie keinen Ausgang mit friedlichen und rationalen Argumenten mehr, kam es bekanntermaßen immer wieder zu Revolten, Rebellionen, Revolutionen und Umstürzen. Im kleinen wie im großen Maßstab. Sie bedienten sich also ebenfalls Methoden, die dem Streben nach Zufriedenheit und Freiheit aller entgegenstanden, und wählten oft den einzigen vermeintlichen Ausweg, der auf irgendeine Art und Weise eine größtmögliche Veränderung versprach, um sie von ihrer Lethargie und dem leisen Verdacht, völlig machtlos zu sein, zu befreien.

Weltanschauungen und kollektive Denkmuster verändern sich leider nur selten aus sich selbst heraus durch reine Erkenntnis. Meist scheitern sie an unzweifelhaften neuen Messungen, Beobachtungen und Erfahrungen, die mit der aktuellen Lehrmeinung und Vorstellung nicht mehr vereinbar sind. So war es auch schwer, die Menschen davon zu überzeugen, dass die Erde keine Scheibe ist, ohne sie an der Erfahrung einer Kugel teilhaben zu lassen und es ihnen auch zu beweisen. Es gab Verweigerung, Revolten – und selbst jetzt noch verweigern sich einige dem Wissen, dass die Erde eine Kugel ist. Und es ist schwer, sich vorzustellen, dass unser heutiges Weltverständnis in tausend Jahren genauso belächelt wird, wie die Vorstellung von der Erde als eine Scheibe heute belächelt wird.

Mit einem Weltbild wie dem heutigen kann ein Mensch schwerlich seine wahre Größe entdecken. In einem Paradigma des Wissens kann man nur schwerlich mithilfe des Wissens aus dem Wissen heraus in eine größere Vorstellung über die Wirklichkeit finden. Mit anderen Worten: Wenn ich mit meinen sehr begrenzten Vorstellungen versuche, mir etwas Unvorstellbares vorzustellen, wird es nicht gelingen. Ich muss erst alle Vorstellungen loslassen, mit dem Denken aufhören und die Wirklichkeit auf neue Weise »kennenlernen«. Und dazu müssen alte Vorstellungen notwendigerweise enttäuscht werden. Das genau ist die Chance jeder Krise. Wir verändern Vorstellungen und Handlungsmuster, wenn wir mit ihnen nicht mehr weiterwissen und weiterkommen. Egal, wie groß ich mir etwas vorstelle, die Wirklichkeit ist immer noch größer, denn darin finden alle Vorstellungen aller Menschen und aller Epochen Platz. Das, was wir wirklich sind und was die Schöpfung wirklich ist, ist unvorstellbar! Und mit jeder Enttäuschung unserer Vorstellungen kommen wir der Wirklichkeit wieder ein Stück näher.

> Die Chance jeder Krise: Wenn alte Vorstellungen enttäuscht werden, wenn wir mit ihnen nicht mehr »weiterwissen«, sind wir bereit für Veränderung, geben alte Überzeugungen auf und öffnen uns neuen Wegen. Mit jeder Enttäuschung kommen wir der Wirklichkeit und uns selbst wieder ein Stück näher.

In alten Kulturen gab es immer besondere Menschen, die man dafür respektierte und darin förderte, dass sie aus dem gesellschaftlichen Kontext ausbrachen und sich fernab der kulturellen Prägung und Konditionierung durch eigene Erfahrung und Bewertung selbst ein neues Bild der Wirklichkeit machen konnten – also eine eigene Weltanschauung finden konnten, die von der Gemeinschaft möglichst unbeeinflusst blieb: Eremiten, Mönche, Asketen, Gurus oder Schamanen. Ihr Wissen und ihre Erfahrungen konnten sie gegen Spenden und Unterstützung eintauschen, und gegen besondere Freiheiten, die man ihnen im Gegenzug einräumte. Die Gemeinschaft würdigte ihr Leben und stellte ihr Überleben sicher. »Die gefährlichste aller Weltanschauungen ist die der Leute, welche die Welt nie angeschaut haben«, schrieb Alexander von Humboldt.

Diese »Aussteiger« galten oft als Autoritäten, die zurate gezogen werden konnten, wenn es Wertegemeinschaften nicht gelang, sich an verändernde Umstände anzupassen. Sie waren Richter und Schlichter, wenn es Impulse zur Veränderung oder neutrale Bewertungen und Konsens brauchte. Darüber hinaus galten sie oft als Vermittler zwischen dem Göttlichen und dem Irdischen. Heute, wo so viele Menschen alles zu wissen meinen, werden sie eher belächelt, ebenso wie die alten Kulturen oft als primitiv und »unterlegen« bezeichnet werden – obwohl gerade wir Abendländer es schon innerhalb weniger Jahrzehnte immer wieder fertiggebracht haben, uns fast selbst auszulöschen.

Unsere gesetzgebenden Gewalten, ihre Autoritäten und ihre Berater stellen heute oft die Bildungseliten dar, die am intensivsten von aktuellen Lehrmeinungen und Wertevorstellungen durchdrungen werden. Sie stecken am tiefsten in den Paradigmen fest und wollen nichts anderes kennen. Ist ihr Kurs unvorteilhaft für die Gemeinschaft, wird eher die ganze Welt gedreht, als dass versucht würde, das Boot zu wenden.

Alle anderen werden vor den Karren gespannt, niemand soll aus dem System fallen, und jeder wird frühzeitig davon überzeugt, dass ohnehin keine attraktiven Alternativen zu finden seien und keine Notwendigkeit bestehe, das System infrage zu stellen. Verpflichtungen,

Verbote, Abhängigkeiten bieten mehr als genug Ablenkung. Hauptsache, es gibt mehr als genug zu essen und reichlich Unterhaltung. Solange die Grundbedürfnisse zum Überleben gestillt sind, kann man den Menschen von jedem Lebenskonzept und System überzeugen. Darum gibt es auch so viele Systeme auf diesem Planeten, die miteinander konkurrieren. Sicherheiten und Bequemlichkeiten auf der einen, Hamsterräder auf der anderen Seite, in jedem System auf seine Art und Weise. Und man entkommt diesen Systemen nur schwer in einer Welt, in der jeder Quadratmeter Lebensraum irgendjemandem in irgendeinem System gehört.

> Wenn unser Herz irgendwann aufhört zu schlagen, dann ist alles, was bleibt, das, was wir in der Welt bewirkt haben und was die Herzen derer, die uns überleben, weiterhin höher schlagen lässt. So überdauert unser Herzschlag die Zeit. All unsere Gedanken, Ängste und Meinungen aber wird die Zeit auslöschen.

Es ist schwierig, den herrschenden Paradigmen zu entkommen, und das ist auch wichtig, damit sie überhaupt aufrechterhalten werden können. Was bleibt uns oft anderes übrig, als das alles zu rechtfertigen, uns damit abzufinden und auf diese Weise Frieden damit zu machen? Eine Art kollektives Stockholm-Syndrom ist das: Man öffnet dem, dem man ausgeliefert ist, die Arme und lächelt es an. Man schließt Freundschaft, verliebt sich sogar manchmal. So muss man die Tatsache, dass man im Grunde hilflos ausgeliefert ist, nicht in vollem Ausmaß und ständig als Bedrohung erkennen und sichert so sein Überleben.

Ist ein Paradigmenwechsel möglich?

Wo es dem Einzelnen heute so schwer wie nur irgend möglich gemacht wird, wirklich anders zu sein und auszubrechen, stellt sich folgende Frage: Rechtfertigt die Gemeinschaft das aus Überheblichkeit, weil sie felsenfest davon überzeugt ist, dass schon alles bestens so ist und nur niemand aussteigen sollte? Oder verhält sie sich aufgrund von Zweifeln so ablehnend gegenüber Aussteigern und Andersdenkenden, weil sie sich darum sorgt, dass solche »Ausbrecher« ihr den Spiegel vorhalten und sie schockieren könnten?

Doch nur weil jene »besonderen« Menschen sich überhaupt einmal trauten, das Gegenwärtige infrage zu stellen, indem sie sich aus den Abhängigkeiten, Selbstverständlichkeiten und Gewohnheiten befreiten, waren sie in der Lage, die Ausmaße von Fehlentwicklungen und Irrtümern zu erkennen, einzuschätzen und gegebenenfalls Impulse für einen Paradigmenwechsel zu geben. Aus sich heraus kann sich ein falsches Denkmuster wie schon gesagt nur schwer selbst widerlegen, es endet bestenfalls in Paradoxien, die es nicht auflösen kann. Mithilfe von Fehlannahmen sind Fehlannahmen nicht in neue Wahrheiten zu überführen.

Wenn mein Weltbild nur Gott kennt, kann ich nicht mithilfe von Gott einen Gott widerlegen. Wenn ich in einem Paradigma der Erkenntnis leben würde, könnte ich nicht mithilfe der Erkenntnis die Erkenntnis hinterfragen. Je mehr ich mithilfe meines aktuellen Wissens mein Wissen selbst infrage stellen würde, umso mehr würde sich das Wissen selbst bestätigen.

Ob es richtig ist, dass die, die den größten Bedarf an Sicherheiten haben, heute auch über den Bedarf an Sicherheiten der anderen entscheiden? Ob es gut geht, wenn Bildungseliten und Kopfmenschen über die emotionalen Bedürfnisse der Bevölkerung urteilen? Ob es uns freier macht, wenn die, die in den größten Abhängigkeiten stecken, über die Freiheit entscheiden? Ob es dienlich ist, dass Verbote durchsetzt, wer sich am meisten vor dem Neuen und Überraschenden fürchtet? Und ob es in unserem Interesse ist, wenn die, die am wenigsten zuhören können, das größte Publikum haben? Nun, das wissen wir leider erst morgen …

Was aber, wenn wir wirklich in einem Paradigma des Wissens stecken würden? Was, wenn da so viel mehr auf uns warten würde, wir es uns nur nicht vorstellen können? Auch hier gilt: Wir kennen nur, was wir selbst erfahren haben. Und ohne Vertrauen und Mut das Alte loszulassen ist unmöglich. Eine Gesellschaft ohne ihre zeitgemäßen Eremiten, Asketen und Schamanen – ohne Menschen, die ihre Prägungen abstreifen und das Bestehende infrage stellen – erstarrt irgendwann.

Ich jedenfalls glaube tatsächlich, dass wir eine Gesellschaft sind, die aktuell in den Paradigmen der Kontrolle und Sicherheiten, des Besitzes und Wissens feststeckt – und nichts davon werden wir mit ins Grab nehmen können. Ein Paradigmenwechsel aus sich selbst heraus müsste nicht bedeuten, dass alles Alte nutzlos wäre. Aber wie stand da neulich als Graffiti an einer Wand in Berlin: »Die nächste Revolution muss eine Revolution im Verstand sein.«

Vielleicht wäre ein geeignetes neues Paradigma einfach nur eines, in dem wieder mehr Raum für Vertrauen und Demut wäre. Ein zu hohes Maß an Sicherheit und Kontrolle führt zu Angst vor Kontrollverlust – und damit zu einem noch höheren Bedarf an Sicherheit, wie ich im letzten Kapitel darlegte. Darum ist es so wichtig, dass ein System, in dem wir als freie Menschen und nicht als funktionale Maschinen leben wollen, uns Raum lässt zu vertrauen. Vertrauen ist ein Grundbedürfnis des Menschen. Und darum ist es die Aufgabe jedes Individuums, das in einer Gemeinschaft lebt, stets Vertrauen und individuelle Freiheit einzufordern. »Das System« ist eine Vorstellung, eine Idee, an die Menschen gemeinsam zu glauben beschlossen haben. Doch das System wächst den Individuen über den Kopf, wenn sich die Menschen darin verlieren. Jeder glaubt und erwartet dann etwas anderes vom System, aber irgendwie fehlt es an echten Alternativen. Diejenigen, die die meiste Macht besitzen, werden dann ihre Forderungen durchsetzen, die am lautesten brüllen, denen wird man zuhören – aber viel verändern wird sich nicht. Am Ende kommt vielleicht wieder einer, der noch lauter als die anderen brüllen kann, und dem läuft man dann geschlossen hinterher.

Es ist unfassbar wichtig, dass jeder Einzelne von uns weder sich selbst verliert noch den vertrauensvollen Kontakt zu anderen. Lasst uns alle gemeinsam jeden Tag für Freiheit, Individualismus und das Vertrauen untereinander eintreten, wenn sie von unserem Bedürfnis nach Sicherheit und Kontrolle bedroht werden. Keiner von uns darf zulassen, dass kollektiver Konsens zur Identität jedes Individuums wird. Das Recht der Individualität und Freiheit muss jeden Tag aufs Neue erkämpft werden, nur das macht uns Menschen so besonders. Deswegen sind wir keine Ameisen geworden.

Vom Kopf ins Herz

Sei in Resonanz. Vergib dir dafür, dass du dir nicht immer vergeben kannst. Erlaube dir zu fühlen, was du fühlst. Den perfekten Menschen gibt es nicht. Aber es ist gut, dass du genauso bist, wie du bist – besonders eben! –, sonst wären wir alle nur gleich.

Ich glaube, das ist das ganze Geheimnis der Selbstliebe. Ich fühle mich manchmal verzweifelt, schwach, habe mich selbst satt und fürchte mich vor dem Scheitern – aber ich habe keine Angst mehr vor dem Unglücklichsein, und ich habe keine Angst mehr vor der Angst. All das gehört zum Leben, zur Leidenschaft, zum Menschsein. Das Leben ist der Wettlauf zwischen Verzweiflung und Hoffnung. Zufrieden zu sein bedeutet nicht, dass immer nur alles gut geht, sondern auch, dass man scheitern darf. Es heißt, auf den Wellen zu surfen. Wer hoch hinauswill, muss auch tief hinunter, um Schwung zu holen.

»Am Ende sind Schwierigkeiten nur etwas,
was bewältigt werden muss«, sagte
Sir Ernest Shackleton, nachdem er im Eis des
Südpolarmeeres ums nackte Überleben gekämpft
hatte. Wer aus Unsicherheit keine Gelegenheit
mehr annehmen und ausgestalten kann,
um sich mit neuem Lebensgeist zu beseelen,
der kann sich zu guter Letzt für gar nichts
mehr entscheiden.

»Am Ende sind Schwierigkeiten nur etwas, was bewältigt werden muss«, sagte eines meiner großen Vorbilder, Sir Ernest Shackleton, nachdem er mit seiner Crew 635 Tage unter furchtbaren Bedingungen im Eis des

Südpolarmeeres ums nackte Überleben gekämpft hatte. Weil ihm das sichere und bequeme Landleben danach jedoch zu viele Schwierigkeiten bereitete, die er nicht bewältigen konnte, fuhr er wieder aufs Meer zu einer neuen Expedition hinaus. Und er kam dabei um. Sterben werden wir alle, wie und wo, entscheiden wir selbst.

Wer aus Unsicherheit keine Gelegenheit mehr annehmen, ausgestalten und teilen kann, um sich mit neuem Lebensgeist und neuer Zuversicht zu beseelen und Bedürfnisse zu erfüllen, der kann sich zu guter Letzt schon aus Erschöpfung für gar nichts mehr entscheiden und das bereits Erreichte auch nicht mehr genießen. Er klammert sich dann an jeden einmal gefällten Entschluss und sogar an andere Menschen wie an Treibholz, um nicht im Ozean der verflossenen Alternativen zu ertrinken. Er kann nichts mehr teilen, sondern sich bestenfalls noch mitteilen und seine Einsamkeit, Abstumpfung und Rastlosigkeit als Hochmut, Resilienz und Freiheit inszenieren. Ein Theater, in dem er ohne Publikum und Applaus nicht leben kann. Eine Sucht nach Anerkennung, Bestätigung und Zustimmung, die ihm wenig Geborgenheit vermitteln wird. Aber ist das Leben?

Wer sich selbst treu bleibt und sein eigenes Leben lebt, der gefällt sich auch selbst, wenn er den anderen nicht gefällt.

Selbstliebe ist der Beginn
einer lebenslangen Romanze

… so schrieb Oscar Wilde. Und wer sich selbst liebt, der ist auf nichts und niemanden zwangsweise angewiesen, der kann andere lieben, ohne davon abhängig zu sein, zurückgeliebt zu werden. Dann lieben wir den anderen, ohne ihn lieben zu müssen, dann genügt er uns, so wie er ist, und wir stellen keine Erwartungen an ihn, weil wir ihn nicht brauchen, sondern *wollen*. Dann ist Liebe am Ende sogar zutiefst bedingungslos, und der Mensch gegenüber fühlt sich nicht unfrei und von unseren Erwartungen unter Druck gesetzt. Er kann uns so ebenfalls ohne Erwartungen zurücklieben. Dann ist Liebe frei – frei von Urteil, frei von Erwartung, frei von Zweck und Ziel. Und dann ist Liebe wirklich Liebe. Tief, erfüllend, die Ewigkeit in jedem Augenblick, in dem sich zwei Menschen, die sich so lieben, in die Augen schauen. Und diese Liebe lässt sich nicht festhalten oder einsperren. Sie gesellt sich nur zu dem, der auch bereit ist, sie wieder loszulassen, und sie verweilt nur, wo beständig geteilt und verschenkt wird. Ich habe mir ein Leben lang große Vorstellungen über diese Liebe gemacht, sie gesucht und bin immer wieder auf die Nase gefallen. Irgendwann glaubt man nicht mehr daran, das große Wunder zu erleben, und hört auf zu suchen. Und plötzlich ist sie da – kann sie erst da sein. Dann ist man auch bei sich selbst. Das eine bedingt das andere.

Der erste Schritt zur bedingungslosen Liebe und Selbstliebe ist es, alle Vorstellungen darüber loszulassen. Der Weg dahin ist leider ziemlich steinig. Ein Häufchen elendige Sehnsucht und Hoffnung, bitterer Schmerz, tiefste Enttäuschung, schreckliche Angst und quälende Einsamkeit – auch das sind Etappen auf dem Weg zurück in die Bedingungslosigkeit. Es ist die Entzauberung aller Erwartungen, damit sie endlich übertroffen werden können. Bedingungslos lieben zu wollen heißt auch zu lieben, wenn man all das auf sich nehmen muss, weil es eben noch nicht anders geht. Es bedeutet, mutig zu sein und zu vertrauen! Der Weg zur bedingungslosen Liebe hat definitiv nichts mit Kontrolle, Souveränität und Macht zu tun. Wer Schmerz und Verlust fürchtet, fürchtet die Wahrhaftigkeit der Liebe, läuft vor ihr weg und begreift nicht, dass sie diesen hohen Preis der Enttäuschung und Selbstaufgabe einfordern muss.

Alles, was mich vierunddreißig Jahre lang daran gehindert hatte, mich selbst und andere wirklich zu lieben, war Selbstverurteilung, weil ich meinen eigenen Erwartungen nicht entsprach. Die Erwartungen, die ich an mich stellte, waren jedoch nichts anderes als die verinnerlichten Erwartungen, die andere Menschen an mich stellten. Wenn wir anderen nicht genügen, laufen wir Gefahr, ihre Enttäuschungen zu unserer enttäuschenden Identität zu erklären. Wir sind dann, was wir uns einreden, weil wir es uns einreden ließen. Und wenn wir von anderen erwarten, wie sie zu sein haben, um uns zu genügen, geben wir ihnen auch die Macht, über uns zu richten. Ganz automatisch, ganz unbewusst.

> Wer sich selbst liebt, der ist auf nichts
> und niemanden angewiesen, der kann andere
> lieben, ohne davon abhängig zu sein, zurück-
> geliebt zu werden. Dann ist Liebe am Ende
> sogar zutiefst bedingungslos und frei –
> frei von Urteil, Erwartung, Zweck und Ziel.
> Dann ist Liebe wirklich Liebe.

Das Dilemma ist wohl, dass man das Leben der anderen leben kann, dass man ihre Erwartungen zum eigenen Sinn erklären kann, ohne es überhaupt zu merken. Dann wissen wir vermeintlich, was wir wollen und was richtig sein muss, aber es ist doch nur das, was andere wollen und als richtig erachten, die ebenfalls nur etwas suchen, weil andere es suchen. Dann leben wir das Leben der anderen, die möglicherweise auch nicht ihr eigenes Leben leben. Und im Überangebot der Möglichkeiten, die sich uns heute eröffnen, wird sich schon etwas finden lassen, was uns wirklich erfüllt. Sollten wir es nicht finden, könnte es daran liegen, dass wir noch nicht intensiv genug gesucht haben. Aber wir haben ja Zeit! Denken wir zumindest. Was haben wir denn zu verlieren, wenn wir alles einmal durchprobieren, was die anderen auch tun?

Wer sich vollumfänglich für das eigene Leben entscheidet und andere ihr Leben leben lässt, wer sich ins
bedingungslose Miteinander hineinfallen lässt, wer ohne
Zweifel liebt, ohne Bedenken, dass es nicht reichen
könnte, der kann darin mehr erreichen, als er sich vorzustellen vermochte. Dann verschwinden Makel und Im-
perfektion und weichen der Vollkommenheit und Erfüllung – das Anderssein verwandelt sich in Besonderssein.
Und dann will ich auch mehr von dem, was ich habe,
und dann habe ich mehr von dem, was ich will. Wir allein entscheiden, ob wir ein Opfer unwirklicher Vorstellungen oder ob wir der bewusste Gestalter unserer Wirklichkeit sein wollen. Und plötzlich verändern sich alle
Umstände ganz von allein, und das Leben »liefert« tatsächlich, was wir brauchen. Das zweite Leben ist ein Leben, in dem man will, was man bekommt.

Von Herz zu Herz

Wenn wir uns als das besondere Wunder erfahren, das
wir sind, und uns selbst hinter unseren einschränkenden
Gedanken entdecken, dann finden wir heraus, dass alle
anderen Menschen genauso besonders sind. Und ent-
sprechend demütig und rücksichtsvoll werden wir mit
ihnen umgehen. Wir brauchen nicht gleich die ganze
Welt zu verändern, es würde reichen, erst einmal mit uns
selbst Frieden zu schließen und diesen Frieden mit der

Welt zu teilen. Nach nichts sehnen sich Menschen mehr, nichts wäre ansteckender. Davon jedenfalls bin ich zutiefst überzeugt.

> Wer sich vollumfänglich für das eigene Leben entscheidet, wer sich ins bedingungslose Miteinander hineinfallen lässt und ohne Zweifel liebt, der kann darin mehr erreichen, als er sich vorzustellen vermochte. Wir allein entscheiden, ob wir der bewusste Gestalter unserer Wirklichkeit sein wollen. Das zweite Leben ist ein Leben, in dem man will, was man bekommt.

Jedes »Ich liebe dich!« bedingt ein »Ich liebe mich!«, erst dann wird es in einem »Ich liebe uns!« bedingungslos, weil man nichts braucht, aber will; weil man nicht abhängig ist von der Liebe eines anderen, sondern frei, um zu lieben; frei, um zu vertrauen, um loszulassen, um zu teilen, um Anteil zu nehmen – und damit ist es eine Liebe in Demut.

Was nützen all die Schätze, die wir auf unseren abenteuerlichen Wegen und Heldenreisen finden, wenn man sich am Ende nur niederlässt und allein darauf sitzen bleibt. Der Drache ist tot, jetzt sitzt der Held auf dem Schatz. Und wenn er nicht selbst zum Drachen werden will, sollte er loslassen und teilen. Der Held wäre kein Held, wenn er diesen Schatz überhaupt selbst noch nötig hätte. Alles, was ich nur für mich haben will und was ich brauche, entwickelt sich zur Gier und zur Sorge, dass andere es mir wegnehmen könnten. Das gilt für Schätze aus Erkenntnissen, die wir lieber geheim halten wollen und die so zu Lügen werden, ebenso wie für materiellen Besitz, von dem wir uns nicht mehr trennen können. Was will ein Held mit Dingen, die er nicht zurücklassen oder loslassen kann? Furchtlose Helden werden wieder zu ängstlichen Feiglingen, wenn sie fürchten müssen, ihre Schätze wieder zu verlieren. Ein richtiger Held könnte aber wohl jederzeit einen anderen Drachen erschlagen und einen neuen Schatz finden.

Das Loslassen wird im Teilen zur größten Freude: nämlich zur Freude aller. Es erfreut den, der verschenkt; es erfreut die, die beschenkt werden; und bestimmt ist dies auch im Sinne des Schatzes, der doch ganz wertlos wäre, wo man ihn nur achtlos zurücklassen und vergessen würde.

Und so beginnt die zweite Reise des Helden: Der Drache ist tot, der Schatz ist sein, aber jetzt sollte er ihn loslassen und zu den anderen bringen! Besonders schwer wird diese Herausforderung, wenn die anderen den Wert des Schatzes nicht sofort erkennen wollen. Hier wird der Held zum Weisen reifen und Wege finden müssen, auch ohne Waffengewalt und Kampf sein Ziel zu erreichen.

War die erste Etappe der Reise ins zweite Leben eine Reise vom Kopf ins wagemutige Herz, so ist die nächste Etappe eine Reise vom Herzen ins Herz der anderen. Ein

Weg der Liebe, Sanftheit und Vergebung. Wer wagt schon, einen anderen Menschen in sein Herz zu lassen, wenn dieser ihm begegnet wie ein Drache.

Wenn sich unser Herz öffnet, findet uns die Leidenschaft, wie eine Hummel zur Blüte findet ... wenn sich deren Blütenblätter nur erst einmal geöffnet haben und sie ihre strahlend schönen Farben der Welt offenbart.

Das ganze Geheimnis, wie der Mensch erblüht und wie er andere Menschen und das Glück anzieht, ohne an ihnen zu zerren, ist vielleicht gar keines: Fühlen, bevor man denkt, spricht und handelt. Geben, bevor man etwas fordert. Lieben, bevor man Liebe erwartet. Erfahren, bevor man bewertet. Vergeben, bevor man verurteilt. Verantwortung übernehmen, statt Schuldige zu suchen. Teilen, was einem zuteilwurde. Sinn stiften, statt Sinn zu suchen. Sein und sein lassen.

Glück ist nur echt, wenn es geteilt wird

Ich höre gerade zum vierten Mal ein Interview mit Bodo Morshäuser[5], einem Berliner Schriftsteller, aus dessen Leben schlagartig Ernst wurde, als ein tennisballgroßer Tumor in seinem rechten Lungenflügel diagnostiziert wurde. Er spricht über sein Leben in seiner »Zwei-Zimmer-Existenz«, wie er es nennt: Er beschreibt das Alleinsein, das er sich jahrelang als Freiheit schöngeredet hatte. Dieses Interview hatte ich zum ersten Mal vor knapp einem Jahr im Autoradio gehört, als ich mich auf der Rückreise von einer Lesung im Ruhrgebiet befand. Ich fuhr umgehend an der nächsten Autobahnraststätte ab und schaltete den Motor ab. Ich war tief bewegt und berührt von der schonungslosen Ehrlichkeit dieses Mannes – und etwas aufgeregt, weil ich fürchtete, mein Radio würde gleich den Sender verlieren.

Jedes »Ich liebe dich!« bedingt ein »Ich liebe mich!«, erst dann wird es in einem »Ich liebe uns!« bedingungslos, weil man nichts braucht und der andere uns so »reicht«, wie er ist. Dann entscheiden wir uns auch ganz für jemanden - und nicht gegen unzählige Dinge, die uns nicht genügen.

Als Morshäusers Leben kein Selbstläufer mehr sein will, zieht es ihm die Schleier von den Augen. Die hässliche Einsamkeit gewinnt plötzlich Gestalt und fällt ihm um den Hals, als er die Wohnungstür öffnet. Er fährt zu einer Freundin, wie schon so oft zuvor. Jetzt aber bleibt er und erkennt, dass sie das Wichtigste ist, woran er sich festhalten kann.

Muss man wirklich erst gegen die Wand fahren, im Krankenhaus landen, im Ozean ersaufen, um dann zu bemerken, was für ein Theater ich mir hier inszeniere, dachte ich. Jeder zweite Mensch in diesem Land erkrankt in seinem Leben an Krebs, sagt eine aktuelle Statistik. Kann ich nicht schon vorher leben?

Der Weg zu mir, vom Kopf zum Herzen, er war wichtig, denn sonst säße ich jetzt nicht vor diesem Autoradio und würde darüber nachdenken. Ich war glücklich, auch wenn ich allein lebte. Dennoch, etwas fehlte, etwas machte keinen Sinn. Ich lebte inzwischen meine Träume, stand auf der Bühne, reiste durch das Land, hatte Erfolg mit dem, was ich machte, war erfüllt – und doch … Christopher McCandless kam mir wieder in den Sinn, wie schon damals allein da draußen auf dem Ozean:

Glück ist nur echt, wenn es geteilt wird.

Das jedenfalls waren seine allerletzten Zeilen, die er in der Wildnis Alaskas in seinem Buch notierte. Dann starb er, allein, einsam. Und wenn wir etwas begreifen, dann wohl, wenn wir sterben. Dies ist einer der bedeutendsten Sätze, die ich in meinem Leben aufgeschnappt habe. Und den ich teilen möchte, wo es nur geht.

Als kleines Kind habe ich immer geglaubt, dass schon irgendwann der richtige Mensch in mein Leben kommen wird, der mir zeigt, dass ich etwas Besonderes bin. Als Kind ist das ja auch noch okay. Aber heute bin ich alt genug, um zu wissen, dass es genau andersherum ist: Erst wenn man sich selbst findet und begreift, dass man etwas Besonderes ist, kommt jemand, der dich genau dafür auch ganz besonders liebt. Viele womöglich.

Wenn du nicht weißt, wer du bist, wen soll man dann in dir lieben? Wenn du dir nicht bewusst bist, dass du etwas Besonderes bist, wie willst du das Besondere dann im anderen erleben? Wenn du nur *irgendjemand* sein willst, wird sich auch nur *irgendjemand* in dir spiegeln können, der auch nur irgendjemand sein will. Was du erwartest, musst du selbst investieren, in dich, in den anderen. Es gilt, erst einmal sich selbst zu finden, dann findet sich auch ein anderer, der zu uns passt. Wir treffen zu jeder Zeit nur die Menschen, in denen wir uns spiegeln können. Bis wir das nicht mehr nötig haben und erkennen, dass jeder der »Richtige« ist. Dass auch jeder andere so viel mehr ist, als wir früher in ihm sehen konnten.

Die Liebe ist eine Lehrmeisterin

Der Weg zu uns selbst, vom Kopf ins Herz, ist die Voraussetzung für den Weg von Herz zu Herz. Ich glaube, dass ein Weg, der nicht in der Liebe zu allen und zu allem endet, noch nicht zu Ende ist. Inzwischen bedeutet jede Begegnung mit einem Menschen eine Beziehung für mich, und jede Beziehung bedeutet Wachstum – und nicht Partnerschaft oder Eigenheim. Jede Begegnung macht etwas mit uns, ob wir wollen oder nicht. Wir können entscheiden, ob wir zusammen ein Stück in die gleiche Richtung wachsen oder aneinander vorbei, voneinander weg. Ich erachte jede Begegnung für einen Spiegel, in dem ich erkennen kann, was ich an mir mag und was ich auf Teufel komm raus nicht sehen will und an anderen Menschen verurteile. Vergebe ich im anderen, was ich verurteile, vergebe ich mir auch selbst. Und alle diese Begegnungen führen zur Vergebung, davon bin ich zutiefst überzeugt.

> **Ein Weg, der nicht in der Liebe zu allen und zu allem endet, ist noch nicht zu Ende. Wenn wir ein Leben lang nur auf die große Chance warten, werden wir uns auch ein Leben lang fragen, warum nichts passiert.**

Alle singen, dichten und reden über Liebe. Warum leben wir sie dann nicht, warum ist so wenig Liebe in der Welt? Wo die Liebe hinfällt, gedeiht alles – so glaube ich zumindest –, doch unser Planet trocknet aus und verdorrt. Wieso treibt die Liebe nur so kümmerliche Blätter aus? Wie kann Liebe so selten sein, wo sie doch etwas ist, das sich endlos vermehrt, wenn man sie teilt? Sie müsste doch ansteckender sein als jeder Virus! Wo liegt das Problem?

Wenn man jemanden wirklich liebt, ist das Glück des anderen der Maßstab unseres eigenen Glücks. Dieses bedingungslose Lieben ist jedem Kind eigen, bis es durch selbstbezogene Erwartungen ersetzt wird. Aus bedingungsloser Liebe kann hier und da etwas erwachsen, das einer Definition von einer stabilen und erfüllenden »bedingten« Partnerschaft entspricht oder auch einer tiefen Freundschaft. Einer Beziehung mit Höhen und Tiefen in der Spiegelung des *Du*, die ein wirkliches *Wir* wird und auf allen Ebenen zwischen Spannung und Entspannung frei atmen kann. Die sich aber immer wieder dort einpendelt, wo der Punkt der Harmonie und Balance liegt. Erst dort können wir loslassen, Vertrauen schöpfen, Mut finden und gelöst weiteratmen. Dieser Punkt findet sich in jeder Beziehung an einer anderen Stelle. Jede harmonische Beziehung ist anders. Jedes *Du* und *Ich*, die zu einem *Wir* werden, schweben in einer anderen Sphäre – wenn wir sie denn schweben lassen, anstatt sie in starren Konzepten von Freundschaft oder Partnerschaft einzusperren.

Kürzlich hatte ich ein Telefonat, das mir all dies wieder verdeutlichte. Irgendwo, in diesem Land, genau jetzt: eine Frau, verheiratet, zwei Kinder. Aber der Mann, den sie liebt, ist nicht ihr Ehemann. Sie sieht ihn, der ihr den Atem raubt, manchmal im Supermarkt, manchmal auf dem Weg zur Arbeit. Sie laufen oder fahren aneinander vorbei – einer kommt, irgendwoher, einer geht, irgendwohin. Manchmal wirft er ihr einen Blick zu, der sich über die nächsten Wochen tief in ihre Seele tunnelbohrt. Tumult, Unruhe, erst Herzrasen, dann Bauchschmerzen. Und das geht seit zwei Jahrzehnten so! Würde er nur ein einziges Wort zu ihr sagen, sie würde alles, aber auch alles sofort stehen und liegen lassen, sagt sie. Doch anstatt dass sie ihn anspricht, wartet sie auf ein Wunder. Eine Hölle an verlorenen Dekaden.

Sehnen wir uns insgeheim nicht eben oft auch nach diesem einen großen Wink des Schicksals, und ließen wir nicht dafür augenblicklich alles stehen und liegen, was gerade noch so schrecklich wichtig erschien? Was steckt hinter diesem inszenierten Theater, das man statt des richtigen Lebens lebt? Wenn wir ein Leben lang auf die große Chance warten, werden wir uns auch ein Leben lang fragen, warum nichts passiert. Denn das, was wir brauchen, wollen wir nicht erkennen, und das, was wir wollen, brauchen wir möglicherweise gar nicht. Könnte es sein, dass wir dem Universum die falsche Lieferadresse genannt haben?

In unserem zweiten – eigenen! – Leben haben wir endlich eine richtige Lieferadresse für die Geschenke des Lebens und können sie auch persönlich entgegennehmen und auspacken.

SECHSTES KAPITEL
Die Vertagung der eigenen Vergänglichkeit

»Wir haben nichts anderes als dieses Leben
und die Möglichkeit, uns darin
eine fantastische Geschichte zu erzählen.«

ERKENNTNIS UND FORTSCHRITT haben uns heute so viele Freiheiten und Möglichkeiten eröffnet und gewähren uns so umfassende Sicherheiten, dass wir meinen, noch mehr Zeit und Ressourcen übrig zu haben, die wir verplempern können, um irgendeine Begierde zu stillen oder irgendein Ziel in der Zukunft zu erreichen. Mit den Möglichkeiten steigen die Ansprüche und die Sorge, etwas zu verpassen. Aber was machen wir eigentlich mit all den Dingen, mit all der freien Zeit und Energie, die wir heute zur Verfügung haben? Wir können Raumsonden Millionen von Meilen sicher durch den Kosmos schicken und sie nach jahrelanger Reise punktgenau auf einem winzigen Kometen landen, wenn wir das nur wollen, so fortschrittlich sind wir, aber im Leben – bei uns selbst, bei anderen – kommen wir deshalb noch lange nicht an.

Das ist vielleicht unser Problem: Wir alle kommen heute überallhin, aber verlieren oft uns selbst dabei. Wer dann immer mehr und mehr erreichen muss, um sich überhaupt noch selbst zu spüren, den kann nichts mehr nachhaltig zufriedenstellen, das er eilig in sich hineinstopft. Was nützt einem Erwachsenen ein Porsche mit fünfhundert Pferdestärken, wenn er nicht einmal so glücklich damit sein kann wie ein Kind mit seinem kleinen Pony?

> Alles braucht seine Zeit, auch das Begreifen,
> dass es für uns selbst irgendwann zu spät ist.
> Das Altern ist alternativlos. Fortschritt
> und grenzenlose Möglichkeiten versprechen
> zwar die Ewigkeit und Erlösung.
> Aber wir vergehen trotzdem.

Zu viele Alternativen gibt es noch, man muss weiter, es könnte einem etwas entgehen, das man noch nicht versucht hat. Und so genügt man sich auch bald selbst nicht mehr und muss sich ständig neu suchen und neu erfinden – optimiert sich pausenlos selbst in Form von neuen Lebensläufen und Visitenkarten, dauersaniert sich und seinen Körper, im schlimmsten Fall bis zur Unkenntlichkeit. Da rotiert man dann im Hamsterrad und hofft, es wird zu einem sich ewig drehenden Karussell, wenn es sich nur noch schneller drehen würde.

Und doch, alles ist vergänglich! Wir erleben es immer eindringlicher, je älter wir werden. Alles braucht seine Zeit, leider auch das Begreifen, dass es für uns selbst irgendwann zu spät ist. Das Altern ist alternativlos. Fortschritt und grenzenlose Möglichkeiten versprechen zwar die Ewigkeit und Erlösung. Aber wir vergehen trotzdem.

Hauptsache: Ankommen!

Zufriedenheit mit dem, was man hat, ist kaum zu ertragen im Zeitalter immer neuer Alternativen und grenzenloser Mobilität. Wer wählen kann, ist frei – Bewegung ist Leben, Stillstand ist der Tod! Ein einziges Zuhause ist uns nicht genug, unsere Familien lassen wir in Heimen zurück, damit wir uns am Ende der Welt selbst suchen können, nur um dort zu begreifen, dass wir vielleicht einfach nur einsam sind.

Unser technologischer Fortschritt ist eine Projektion von rastlosen Gedanken, die immer weiterwollen. Aber sind wir zufriedener geworden, glücklicher, wenn uns heute hochintelligente Navigationssysteme im Auto zuverlässig den Weg zum fernsten Ziel weisen und uns die Denkarbeit vollständig abnehmen? Nutzen wir den leeren Kopf und die gewonnene freie Zeit, um das Herz zu erfüllen, um den Weg zum Ziel bewusster zu erleben und die Reise mehr zu genießen? Wenn Zufriedenheit und intensiveres Erleben nicht die Messlatte sind, an der sich aller Fortschritt und alle Möglichkeiten und Sicherheiten messen lassen, woran dann? Was nützt es, wenn der Fortschritt sich selbst überholt, der Mensch aber auf der Strecke bleibt?

Immerhin verkaufen sie uns heute schon intelligente Wasserflaschen, die uns sogar daran erinnern, genug zu trinken. Nicht einmal daran müssen wir noch denken. Wir müssten eigentlich im siebten Himmel der Glückseligkeit schweben, bei so wenigen Gedanken, die wir uns noch um das Leben und Überleben machen müssten …

Fühlen wir tatsächlich intensiver als früher, als wir noch hinten im Auto saßen, mit fettigen Fingern die beschlagenen Fensterscheiben vollschmierten, während sich unsere Eltern vorne über einer Straßenkarte aus Papier darüber stritten, ob wir auch nur annähernd in die richtige Richtung unterwegs sind? Sind wir wirklich zufriedener und erfüllter heute auf unseren Lebenswegen? »Reisen« wir noch so intensiv wie früher? Oder denken wir in all der freien Zeit, die uns jetzt zur Verfügung steht, nicht doch nur über andere, noch komplexere Dinge nach, bei denen uns noch keine Computer helfen können? Manövrieren uns sogleich wieder in neue Tagträume hinein, aus denen wir dann erst wieder herausfinden müssen?

Wo ein kluger Kopf sich darin verliert, die großen Probleme zu lösen, die er sich selbst erst so komplex gedacht hat, könnte man meinen, dass es vielleicht doch nur ums endlose Denken und nicht um endliche Probleme geht. Und geht dem Kopfkino der Stoff aus, holen wir uns von irgendeinem Bildschirm neue Geschichten aus dem letzten Winkel der Welt und spinnen sie uns irgendwie zu einer eigenen Geschichte zusammen. Das geht so lange, bis uns die Stimme eines Navigationssystems oder irgendeines Alarms wieder für einen Augenblick raus aus dem Kopf, auf die Straße und zurück in die Wirklichkeit vor der eigenen Nase holt.

> Wir können Raumsonden Millionen von Meilen sicher durch den Kosmos schicken und sie nach jahrelanger Reise punktgenau auf einem winzigen Kometen landen, wenn wir das nur wollen, so fortschrittlich sind wir, aber im Leben und bei uns selbst kommen wir deshalb noch lange nicht an. Was nützt aller Fortschritt, wenn der Mensch dabei auf der Strecke bleibt?

Auf einer nächtlichen Autofahrt von einer Lesung zurück nach Heidelberg, als mir dieser Gedanke wie ein Zug durch den Kopf rauschte, meinte mein Freund am Steuer, dass diese Behauptung überhaupt nicht auf ihn zutreffen würde, dass er nicht im Kopf, sondern mit seiner Aufmerksamkeit immer auf der Straße und bei den Straßenschildern sei, trotz Navigationssystem. Ich schaltete es unbemerkt stumm. Dreißig Autobahnkilometer weiter, nach der zweiten verpassten Ausfahrt, musste er wenden. Da wusste ich, dass der Gedanke in dieses Buch gehört.

Statt mehr zu erleben, die Autofahrten zu genießen und mein Leben mit neuen intensiven Erinnerungen anzureichern, war auch ich früher oft in meinen Gedanken verloren, den Fuß so fest auf dem Gaspedal, dass ich schon zufrieden war, wenn ich den Führerschein nicht länger als einen Monat abgeben musste. Hauptsache ankommen, irgendwo, Hauptsache schnell! Aber bei mir selbst, bei anderen, im Leben und im Erleben, im bewussten Handeln, in Gefühlen? Nein.

Natürlich kann unser Denken, unser Verstand auch ein wunderbares und kreatives Werkzeug sein! Wenn es eben beim bewussten Nur-Denken bleibt, das schließlich über verantwortungsbewusstes Handeln wieder in die Realität des Erlebens führt – wenn wir damit sinnvoll und kreativ gestalten und wirken. Wenn wir uns damit *verwirklichen*! Es wird aber dann schwierig, wenn Denken zum Automatismus und zum Kopfkino wird, wenn wir alles damit verstehen wollen, aber nichts mehr davon annehmen, begreifen, ausgestalten und erleben können. Wenn wir Informationen sammeln, damit aber nichts mehr anstellen können.

Auf Facebook teilte eine Freundin kürzlich folgenden Eintrag: »Wusstet du, dass das das Gehirn unnötige Informationen automatisch ausblendet? So wie das zweite ›das‹ im ersten Satz.« Und ich dachte mir: »Wusstet du, dass das Gehirn auch durchaus nützliche Informationen automatisch ausblendet? Zum Beispiel dass das meiste von dem, was wir im Internet lesen können, völlig bedeutungslos und von keinerlei praktischem Nutzen für ein Leben ohne Internet ist? Oder dass das Gehirn auch durchaus ausblendet, dass draußen gerade die Sonne scheint ... Es ist übrigens Mitte Dezember, draußen sind unglaubliche vierzehn Grad ... und direkt vor meinem Fenster steht ein Baum in rosafarbenen Blüten ... wohl Winterkirschen ...«

Vom Lebewesen zum Denkwesen

Wir sind Lebewesen und keine Denkwesen!

Wenn ich etwas wirklich begreifen will, muss ich es auch erleben, erfahren, *greifen* eben. »Ich höre und vergesse, ich sehe und erinnere, ich handle und verstehe«, sagte Konfuzius. Begreifen ist erleben, begreifen heißt, etwas selbst zu erfahren und sich nicht nur eine Vorstellung davon zu machen. Diese »Welt« da draußen, die wir begreifen können, ist kein Wort aus vier Buchstaben und keine Erzählung aus einem Buch. Dieses »Leben«, das wir er-leben können, besteht nicht nur aus zwei Vokalen und drei Konsonanten. Die Welt, über die wir nachdenken, ist nicht die wirkliche Welt, die vor unseren Augen geschieht und *in* der wir nachdenken. Das, was wirklich ist, passt auch nicht in sieben Milliarden Köpfe und in keinen Computer hinein, höchstens in abstrakte Konzepte, Worte und Zahlen, die man allzu schnell mit der Realität verwechselt, wenn man nicht achtsam ist.

Als ich auf dem Ozean war, war ich nicht wirklich allein. Neben meinem Wal Tilli-Willi folgte mir auch eine Sturmschwalbe, die ich Murphy getauft hatte. Zum ersten Mal Notiz von ihr genommen hatte ich am zweiten Tag, zum letzten Mal sah ich sie einen Tag vor meiner Ankunft in Barbados. Murphy ist mir über den ganzen Ozean gefolgt. Und nach meinen Halluzinationen am Anfang meiner Atlantiküberquerung war ich mir auch einige Tage lang gar nicht sicher, ob ich mir den Vogel nicht nur einbilden würde. Aber dann hatte ich ihn auf ein Foto gebannt, und auch meine Freunde auf der anderen Seite des Satellitentelefons konnten ihn sehen. Ab dem Zeitpunkt flog er ständig an meinen Videokameras vorbei und drehte seine Runden ums Boot. Benannt hatte ich ihn konsequenterweise nach Mr. McMurphy, dem Hauptcharakter aus dem Film »Einer flog übers Kuckucksnest« mit Jack Nicholson. Murphy war immer in meiner Nähe, blieb auch bei mir, wenn ich nachts in die falsche Richtung gespült wurde oder auf dem Ozean tagelange Schleifen drehte. So weit, so Wunder. Die erste Freundin, die nach meiner Rückkehr Murphy kommentierte, sagte: »Den hat bestimmt Gott zu dir geschickt, damit er auf dich aufpasst.« Ich lächelte. Doch auch eine schöne Geschichte muss man natürlich hinterfragen, denn nur weil sie schön ist, ist sie ja noch lange nicht richtig. Dachte ich zumindest. Am Ende hatte ich folgende »Wahrheit« für mich gefunden: Sturmschwalben leben auf dem Meer und kehren nur zum Brüten ans Land zurück. Und da es wohl sicherer ist, den Ozean in der Nähe eines Bootes zu überqueren, ist Murphy mir gefolgt. Das klingt logisch, macht das Wunder aber auch kaputt. Das war mir damals aber egal, weil mir nur wichtig war, andere Menschen davon zu überzeugen, dass es wirklich passiert ist. Also gab ich eben Erklärungen für Murphys Begleitung zum Besten und zeigte Fotos und Videos, um ja keinen Zweifel am Wahrheitsgehalt der Geschichte zu lassen.

So viel Lärm und Logik im Kopf – und oft nur, damit der Mensch, der wir gern wären, das Wunder, das wir doch sind, nicht erfahren will! Wir sind nie, was wir über uns denken. Auch nicht, was wir denken, dass andere über uns denken. Wir sind jederzeit größer, als wir es uns vorstellen können.

Der Punkt aber ist: Ich habe es selbst kaum glauben können, dass mir so etwas passiert. Dass mir ein Vogel 6500 Kilometer und achtundachtzig Tage lang gefolgt ist. Ich wollte es logisch erklären, einen Grund wissen, damit es auch Sinn ergibt. Aber Gründe und Sinn können Wunder zerstören. Heute ist es mir egal, was andere denken.

Nach jedem Vortrag kommen Menschen zu mir und erklären mir, was sie für den wahren Grund halten, dass Murphy mir gefolgt ist. Inzwischen kann ich auf mehr Erklärungen als Ozeantage zurückblicken. Ich bin jetzt einfach nur dankbar, so viel Zeit mit einem kleinen Vogel verbracht zu haben, und ich vermisse ihn auf wundervolle Weise. Es war ein langer Weg zurück in diese Gefühle – und selten ist ein solcher Weg ein logischer Weg. Wenn die Wirklichkeit schon in den Kopf soll, dann doch bitte mit Fantasie!

Kritik an der reinen Vernunft!

Das, was wir sein wollen, sind auch nur Gedanken, die uns nicht helfen, zu begreifen, was wir längst sind! Wie ich immer wieder betone: In unserem Verstand können wir nie das Unvorstellbare sein, in unserer Gier nie das Unfassbare, in unserer Angst nie das Unergründliche, das wir doch hinter allen Gedanken sind und dem alle Gedanken darüber erst entspringen. So viel Lärm und Logik im Kopf – und oft nur, damit der Mensch, der wir gern wären, das Wunder, das wir doch sind, nicht erfahren will. Das ist Kritik an der reinen Vernunft, ja, und es ist meine Philosophie der Fantasie! Und diese Philosophie kann neben allen anderen nüchternen Philosophien und rationalen Wahrheiten ganz wunderbar koexistieren, ich glaube, das macht sie einzigartig! Sie will gar nicht recht haben, sondern glücklich machen. Und ich finde, wer glücklich ist, der hat irgendwo auch recht. Was nützt es, alles zu wissen, wenn wir schon daran scheitern, glücklich über das Leben zu sein.

Wir sind nie, was wir über uns denken. Auch nicht, was wir denken, dass andere über uns denken. Wir sind jederzeit größer, als wir es uns vorstellen können. Schon Mark Aurel stellte fest:

Was wir hören, sind Meinungen, was wir sehen, Perspektiven – mit der Wirklichkeit hat das alles wenig zu tun.

Über diese unterschiedlichen Meinungen streiten wir uns erst und konstruieren daraus eine vermeintliche gemeinsame Wahrheit, ein Paradigma, Dogma, Weltbild – eine Lehrmeinung, ein Ideal. Ein paar Schubladen und Kategorien, in die alles und jeder nun hineinpassen sollen. Müßig ist das und am Ende ohnehin unmöglich. Aber wir sind kein Gedankeninhalt, und wir sind auch noch da, wenn die Gedanken schweigen. Wir stürzen immer tiefer in das Paradigma des Wissens, und mit dem Verstand finden wir da eben niemals heraus, geraten nur immer tiefer hinein. Es ist ein Höllenfeuer abstrakter, substanzloser Vorstellungen und Erklärungen – leblose Logik. Ein Feuer der Erkenntnis, das jede Wirklichkeit in Asche verwandeln kann. Nur Fantasie und Kreativität machen daraus auch mal eine Wunderkerze.

»Aber die Wahrheit und Erklärungen müssen doch die Realität sein!«, nimmt man dann an, denn wir können sie ja messen, berechnen und Studien darüber anstellen. Wir verwechseln aber die Zahlen und Fakten mit dem. was einfach nur so ist, wie es ist.

Das ganze Universum versucht,
sich in uns selbst zu verstehen, und
zwinkert sich selbst durch unsere Augen zu.
Wir sind Sternenstaub,
der über Sternenstaub nachdenkt ...

Nur eines ist sicher: *Wir sind jetzt hier*, egal, was wir aus unserer Existenz machen. Der Philosoph Arthur Schopenhauer meinte, dass es nichts gibt, und am Ende der Erkenntnis mag tatsächlich so ein faszinierendes Paradox warten, dass die Welt eigentlich gar nicht sein kann. Dass sie unmöglich ist, dass ihr Ursprung logisch nicht nachvollziehbar ist. Aber selbst wenn dem so sei, dann existiert auch kein logisches Argument, das dagegen spräche, dass nicht doch einfach alles nur so ist, wie es eben ist. Und wenn es ein Wunder ist, dann ist es eben ein Wunder. Und alles, was es nicht gibt, ist vielleicht am Ende eine Wirklichkeit in der Parallelwelt der Gedanken.

Wo wird uns alles Verstehen schon hinführen, außer in Paradoxien und Unlösbarkeiten? So viele Fragen! Ist es

Zufall, dass es den Zufall gibt? Ist die Welt, über die wir nachdenken, wirklich die Welt und nicht nur Gedankeninhalt? Macht der Sinn einen Sinn? Welchen Grund hat der Grund? Und warum gibt es das Warum? Ist am Ende vielleicht doch alles nur ein unlösbares Paradoxon? Das ganze Universum versucht sich letztlich in uns selbst zu verstehen und zwinkert sich selbst durch unsere Augen zu. Wir sind Sternenstaub, der über Sternenstaub nachdenkt, Materiehaufen, die Materie ergründen … Womöglich ist alles nur ein spannendes Spiel, bei dem es am Ende um nichts geht. Maya und Lila, wie die Buddhisten sagen: die ursprüngliche Schöpfungskraft, die sich in sich selbst versteckt und versucht, sich wiederzufinden. Vielleicht sind wir alle dieses unergründliche Göttliche, du, ich, und sind doch nur Narren, wo wir uns schon für einen Gott hielten – während das Göttliche lieber ein Narr in uns sein will. Wo es sich in unlösbare Widersprüche und Paradoxien eingesperrt hat, aus denen es ein Menschenleben lang vergeblich versucht, mit Logik und Erkenntnis wieder herauszufinden. Alles nur Theater. Und dann das große Finale, dieser Moment kurz vor dem Ende des Stückes, wenn das Göttliche sich für einen Moment in den Augen eines Menschen selbst erkennt. Und am Ende Jubel und Applaus. Wer weiß das schon so genau. Welchen Sinn könnte schon ein Schauspiel machen, außer dass es unterhält, spannend ist und auch mal urkomisch. Eine fesselnde Drama-Komödie – die Schauspieler ganz in ihrer Rolle, die Zuschauer gefesselt.

Mit der Frage nach einem »Warum?« und der ersten Antwort »Weil!«, mit der Erkenntnis von Gut und Böse, wurde letztlich auch im Alten Testament der Sündenfall eingeläutet, und Adam und Eva flogen in hohem Bogen aus dem Paradies und hinein in dieses Theater der Vergänglichkeit. Aber auch das ist nur eine Geschichte …

Aber was bedeutet das nun für uns? Was nützt uns die ganze Erkenntnis und das Verstehen, wenn es nicht gelingt, unser Wissen in einem kreativen Akt in etwas Konkretes, Schönes und Sinnstiftendes zu überführen? In schöne Gedanken, die wir teilen, in tolle Bücher und Geschichten, in Kunst, in Werkzeuge und Formeln, mit denen wir uns noch weiter verwirklichen können. Was nützt alles Wissen, wenn es uns nicht mehr berührt? Was nützt das Wissen, wenn es kein Staunen mehr ist?

Unsere Gedanken und Meinungen sind nur ein Teil unserer Fülle – wie Gefühle, Atemzüge und Herzschläge. Sie erscheinen, und sie lösen sich auf, dazwischen sind wir trotzdem so, wie wir eben sind, und die Welt ist so, wie sie eben ist. Nur wurde uns das Wichtigste in der Schule nicht als Erstes beigebracht, nämlich: dass Wissen die Wirklichkeit beschreiben, sie aber niemals be-greifen und er-leben kann. Alle Eigenschaften, die wir der Welt andichten, sind nichts als Farben unserer Fantasie. Die Welt im Kopf ist das, was wir uns aus der Wirklichkeit zu machen trauen. »Vor nichts haben wir mehr Angst als vor unserer eigenen Größe«, um noch einmal Nelson

Mandela zu zitieren. In diesem Zusammenhang hier erscheint der Satz mir besonders trefflich.

> Was nützt alles Wissen, wenn es uns nicht mehr
> berührt? Wissen kann die Wirklichkeit nur
> bedingt beschreiben, aber niemals er-leben
> und be-greifen. Alle Eigenschaften, die wir der
> Welt andichten, sind nichts als Farben unserer
> Fantasie. Die Welt im Kopf ist das, was wir uns
> aus der Wirklichkeit zu machen trauen.

Wir haben die Wahl, ob wir uns länger in begrenzten Vorstellungen und Erwartungen aufhalten wollen oder uns der Wirklichkeit öffnen, uns davon durchfluten lassen und zukünftig auch wieder mit etwas mehr Fantasie nach Wahrheiten suchen.

Es ist die Kleingeistigkeit, die mangelnde Fantasie, die die Freiheit und die Größe des Menschen und der Schöpfung beschränken. In ein begrenztes Vorstellungsvermögen passt der vollkommene Mensch nur als ein Ideal, dem man nun genügen oder eben auch nicht genügen kann. Wunder passen nicht in den Kopf. »Das Perfekte liegt im Imperfekten« – auch »Wabi-Sabi« genannt – ist ein ästhetisches Konzept aus Japan, das eng mit dem Zen-Buddhismus verbunden ist. Gerade in der Unvollkommenheit liegt das Wunder und das Schöne: im vermeintlichen Makel, im Rostfleck auf dem Teekessel, im

Kratzer auf dem Autolack, in der Narbe auf der Haut. Das Besondere, das andere, das eben nicht in die schöne Ordnung der Vorstellungen passen will, macht doch etwas erst zu etwas Besonderem!

Eine Wiese des Glücks

Sollten wir also wieder einmal raus aus der Parallelwelt des Kopfes, rein in echte Pfützen? Mal wieder richtig Kind sein, ab und zu, rein ins zweite Leben, ins Leben vor dem Tod? Warum eigentlich nicht! In meinem Rudertagebuch notierte ich am 57. Tag auf dem Meer:

Ich habe längst vergessen, wie es war, einfach nur frei und glücklich zu sein, einfach abzuwarten, was als Nächstes passiert, mich überraschen zu lassen. Das Abenteuer Kindheit liegt viel zu weit zurück. Die großen Momente der kleinen unscheinbaren Dinge, die mich als Kind vor Freude und Staunen schier umwarfen – eine Umarmung meines Vaters oder meiner Mutter, Regenwürmer in Pfützen, Regenbogen, Herbststürme … –, solche Erlebnisse habe ich längst mit den großen Dingen, die ich plane, begehre und herankarre, ersetzen wollen und die Freiheit damit totgeschlagen. Fast nichts fühlt sich mehr so unfassbar großartig an wie früher!

Stattdessen Konsum. Mehr und mehr, damit
ich den Moment überhaupt noch spüren kann.

Sind wir nicht ohnehin nur einfach größere Kinder heute, die zwar meinen, erwachsen geworden zu sein, die aber trotzdem noch nicht gelernt haben, Verantwortung für ihren Willen zu übernehmen und bewusst zu wählen?

Die Welt jedenfalls sieht aus wie das Spielzimmer eines Sechsjährigen. Alles kaputt gespielt, alles durcheinander – unser »Plastikspielzeug« schwimmt im Ozean, den Puppen und Soldaten fehlen die Köpfe. Und alles wird zur Festung ausgebaut, um irgendetwas zu verstecken und vor den Bösen zu beschützen. Und einer nimmt dem anderen immer das Spielzeug weg.

Und warten wir nicht noch immer insgeheim auf den Prinzen und die Prinzessin auf dem weißen Ross? Stattdessen: vierzehnjährige Mädchen, die wie erwachsene Frauen herumlaufen, und erwachsene Frauen, die alles dafür tun, damit sie so faltenlos wie vierzehnjährige Mädchen aussehen – ist das das neue Erwachsen? Diese Welt ist unser Spiegelbild.

Vor uns liegt eine Wiese des Glücks, aber wir greifen nicht zu, weil wir stattdessen viel zu beschäftigt damit sind, die äußerst seltenen vierblättrigen Kleeblätter auf der Wiese zu suchen. Spätestens seit Mama nicht mehr immer für uns da sein konnte, wurde uns beigebracht, dass Glück nie einfach nur bedingungslos da sein kann, sondern Anstrengung kostet und verdient werden muss.

Glück muss etwas Besonderes sein, glauben wir. Seitdem strengen wir uns an, jagen das Seltene, das die anderen nicht haben. Finden wir es, gibt es Anerkennung statt Aufmerksamkeit, Bestätigung statt Zuwendung, Sicherheiten statt Geborgenheit und Status statt Selbstwertgefühl. Und wenn wir selbst nicht wissen, wer wir sind, finden wir es heraus, indem wir uns mit anderen vergleichen.

> Vor uns liegt eine Wiese des Glücks,
> aber wir greifen nicht zu, weil wir stattdessen
> viel zu beschäftigt damit sind, die äußerst
> seltenen vierblättrigen Kleeblätter auf der Wiese
> zu suchen. Spätestens seit Mama nicht mehr
> immer für uns da sein konnte, wurde uns
> beigebracht, dass Glück Anstrengung kostet
> und verdient werden muss.

Wohl jeder von uns steckt in irgendwelchen Hamsterrädern und hofft, dass es darin einen Schlussspurt auf einer Zielgeraden geben kann, der ans große Ziel der Erfüllung führt. »Hamsterräder, die von innen wie Karriereleitern aussehen«, las ich kürzlich auf Facebook. Wenn man unachtsam ist, entwickelt sich das Seinwollen zum ganzen Sein – wir sind am Ende nur noch die Ziele, die wir erreichen wollen, oder die Dinge, die wir besitzen möchten. Und das, was wir dann erreichen und besitzen, erfüllt uns einfach nicht mehr richtig. Das Seinwollen wird spannender als das Sein – das Habenwollen aufregender als das Haben. Und so rennen wir immer schneller, weil wir uns nur darin spüren und lebendig fühlen. Bis das Herz irgendwann nicht mehr mitmacht.

Der Tod als weiser Ratgeber

Wir werden sterben, alle. Das wissen wir auch, aber der Tod entzieht sich unserem Begreifen. Der Tod, über den wir nachdenken, ist eben nicht der Tod selbst. Wir können ihn feiern wie die Inder, oder wir fürchten und verdrängen ihn als schwere Last ein Leben lang. Aber was wir unterdrücken und verdrängen, das machen wir noch stärker; was wir bewusst vermeiden, manifestieren wir im unbewussten Handeln. »Dabei ist der Tod der einzige weise Ratgeber, den wir haben«, schrieb Carlos Castañeda. Dann sollten wir ihn also auch gelegentlich konsultieren, konfrontieren, vergegenwärtigen. Je besser uns das gelingt, desto mehr begreifen wir auch das Leben vor dem Tod. Wenn der Tod und das Sterben hinter den Horizont einer Gesellschaft geschoben werden, damit sie möglichst unsichtbar bleiben, dann lebt die Gesellschaft auch, als läge die Ewigkeit vor ihr. Als wäre auch morgen noch Zeit zum Ankommen, Innehalten, Ausatmen und Erfülltsein. Die Lüge der vermeintlichen Ewigkeit.

Und dann sterben wir mit leeren Händen, aber einem krummen Buckel und Drehschwindel – und ärgern uns womöglich darüber, dass wir so vieles hätten erreichen können in diesem Leben, aber wenig davon erreicht haben. Weil wir Lasten nicht loslassen konnten, haben wir selten festgehalten, was uns beflügelt hätte. Weil wir uns oft in Hamsterrädern für eine erfüllte Zukunft verausgabt haben, anstatt uns dem Augenblick hinzugeben.

Spätestens mit dem Tod endet aber dieser lange, anstrengende Weg, und wir begreifen, wie einfach es gewesen wäre, glücklich zu sein, wenn wir nur mehr Mut gefunden hätten, um zu vertrauen, zu vergeben, uns hinzugeben und zu fühlen – und wenn wir darin leichter Unsinniges losgelassen und Erfüllendes festgehalten hätten. Aber müssen wir mit dieser Einsicht wirklich bis zum Tod warten?

Würden wir begreifen, dass alles endlich ist, wäre uns bewusst, dass uns hier nichts gehören kann, dass alles nur geborgt ist. Dann wären wir wirklich frei, hätten nichts zu verlieren, nur zu gewinnen. Uns wäre klar, dass unser Leben selbst eine wunderbare Möglichkeit ist, zu gestalten und zu erschaffen.

Wir haben nichts anderes als dieses Leben und die Möglichkeit, unsere eigene Geschichte darin zu erzählen. Jedes weitere Lebensjahr werden wir daran erinnert: Wenn schon wieder an Weihnachten »Last Christmas« von WHAM im Radio gespielt wird, dann sollte auch dem Letzten ein Licht aufgehen, dass er hier lebenslänglich einsitzt und jedes Jahr einfach nur ein weiteres Lebensjahr verliert.

> **Spätestens mit dem Tod endet der Weg,
> und wir begreifen, wie einfach es gewesen wäre,
> glücklich zu sein, wenn wir nur mehr vergeben
> und losgelassen hätten und unseren Gefühlen
> gefolgt wären. Aber müssen wir mit dieser
> Einsicht wirklich bis zum Tod warten?**

Natürlich können wir auch weiter auf die Ewigkeit oder wenigstens noch auf ein verdammt langes Leben hoffen, und darauf, dass wir irgendwann doch noch bei uns selbst ankommen und Frieden finden. Wir können tun, was wir wollen, letztlich haben wir einen freien Willen! Und wenn das, was wir tun wollen, nur das sein soll, was die anderen tun wollen: schick aussehen, ein schnelles Auto fahren ... Voila! Dann tragen wir auch die Konsequenzen und leben das Leben der anderen, und sie leben unseres.

Wir allein entscheiden, wie weit wir uns selbst verwirklichen wollen – ob wir unser eigenes Leben frei ausgestalten oder ob wir es nur nach den Regeln der Gesellschaft verwalten. Wir haben die Wahl: Leben oder Existenz. Es ist so trivial. Wenn man dabei ein »Ich muss!« durch ein »Ich darf!« ersetzt, sieht die Welt ohnehin gleich ganz anders aus, und am Ende wird hoffentlich noch ein »Ich will!« daraus, und man ist dankbar für dieses Leben.

> **Seid verrückt, seid unvernünftig – habt den Mut,
> selbst Verantwortung über eure Gedanken
> zu übernehmen! Jeder hat seine Geschichte und
> seine Ausreden. Aber jeder hat jetzt die Wahl,
> das loszulassen und zu entscheiden, ob er das
> Schicksal in die eigenen Hände nehmen will.**

Die einzigen Menschen, die erst einmal ein Problem mit dem haben können, wer wir sind und was wir tun, sind wir selbst. Denn die anderen sind ebenfalls nur mit sich selbst beschäftigt. Es ist egal, was sie denken, das Problem ist allein das, was wir denken, dass sie es denken! Was die anderen von uns erwarten, wollen wir erfüllen, doch wir fordern es dann im Gegenzug auch von ihnen ein. Schleicht sich doch das Versagen ein, landen wir in einem Teufelskreis, in dem jeder jedem etwas vormacht. Und keiner traut sich mehr, in Pfützen zu springen, obgleich sich alle insgeheim gern mit Schlips und Kragen darin herumwälzen würden. Impulse, die wir unterdrücken, stärken wir, und am Ende springen wir möglicherweise nicht in Pfützen, sondern aus dem Fenster. Manchmal ist es nur ein kleiner Schritt bis zum Zu-weit-Gehen. Das ging mir damals jedenfalls durch den Kopf, als ich mit meinem Boot in Portimão aus dem Hafen ruderte, um die andere Seite des Ozeans zu erreichen. Vielleicht hätte ein Tanz vorher, in der einen oder anderen Pfütze, mir den Tanz mit dem Wahnsinn auf dem Ozean erspart? Vielleicht hätte ich nicht erst mein Leben riskieren müssen, um mich lebendig zu fühlen?

Seid verrückt, seid unvernünftig – habt den Mut, selbst Verantwortung für eure Gedanken zu übernehmen! Damit verändern wir alle zusammen die Welt am schnellsten. Das zweite Leben beginnt, wenn man begreift, dass man nur eines hat. Und erst dann begreift man auch, dass die anderen ebenfalls nur ein Leben haben. Und man hört auf, verantwortungslos die eigene Lebenszeit und die der anderen zu verschwenden. Jeder hat seine Geschichte und seine Ausreden. Aber jeder hat *jetzt* die Wahl, das loszulassen und zu entscheiden, ob er ein Opfer der Umstände sein oder das Schicksal in die eigene Hand nehmen will.

Wir sind nur unfrei, weil wir nicht wissen, dass wir frei sind! Doch das sind wir: frei, um das eigene Leben zu erleben und zu gestalten. Unser Herz fühlt es, unser Bauch spürt es auch – nur der Kopf, der muss es noch begreifen.

SIEBTES KAPITEL

Von Ziel zu Ziel

»Entweder lebt man verwegen –
oder wagt nur zu existieren.«

WÄRE ES EIGENTLICH schlimm, wenn das, was uns glücklich machen würde, nicht dem entspräche, was wir uns vorgestellt haben? Wenn wir sogar erkennen müssten, dass das, was wir vielleicht sogar bisher komplett ablehnten, uns plötzlich zufriedenstellt? Dann wäre doch das, was wir haben, auch ganz automatisch das, was wir wollen. Wir müssten uns nur erlauben, glücklich zu sein, obgleich wir es uns eigentlich nicht hätten vorstellen können.

Wonach wir uns sehnen, ist Erfüllung. Um sie zu finden, müssen wir fühlen, annehmen und wollen, was *ist*, nicht was sein könnte oder sein sollte. Denn wenn uns nichts von den Dingen, die wir haben, zufriedenstellen kann, kann uns auch nichts von dem, was wir wollen, zufriedenstellen. Der erste Schritt zur Zufriedenheit kann nur hier und jetzt getan werden. In der Zukunft gibt es keine Erfüllung, auch nicht in der Vergangenheit. Es gibt nur Gedanken, die sich einem gegenwärtigen Gefühl oder Zustand verweigern wollen und in Erinnerungen oder Vorstellungen flüchten. Gefühl aber ist der direkte Kontakt zwischen Wirklichkeit und Herz – zwischen dem, was jetzt ist, und dem, was ich jetzt bin.

> Nur dem Überraschenden wohnt jener Zauber inne, der bewirkt, dass wir uns so wundervoll lebendig fühlen, der uns aus dem Kopf in den Augenblick des Erlebens holt und zum Staunen bringt.

Wenn uns etwas Unerwartetes überrascht und uns damit aus unseren Vorstellungen heraus in die Gegenwart zurückholt und berührt, dann sind wir wieder in Kontakt mit der Wirklichkeit. Und das kann nur in der Gegenwart passieren. Und seien wir ehrlich: Die meisten Momente des Lebens, die wir vergeblich wieder und wieder zu erleben versuchen, weil sie uns einst so berührten, geschahen doch alle unerwartet. Nur dem Überraschenden wohnt jener Zauber inne, der bewirkt, dass wir uns so wundervoll lebendig fühlen, der uns aus dem Kopf in den Augenblick des Erlebens holt und zum Staunen bringt.

Das Neue und Überraschende macht aber natürlich

dem Kopf als Kontroll- und Sicherheitsinstanz auch Angst. Es ist sicherer, alte Handlungsmuster und Gewohnheiten wieder und wieder zu bedienen, denn auch wenn sie uns keine Erfüllung mehr bescheren, haben wir mit ihnen zumindest bisher »überlebt« und wissen recht genau, was auf uns zukommt. Der Kopf will und verspricht so vieles: Glück, Stille, Anerkennung, Zufriedenheit, Erleuchtung, Sicherheit … aber er hat ein primäres Ziel: Er will überleben und Sicherheit schaffen. Der Kopf, der nicht als kreatives Werkzeug Beschäftigung findet, geht seiner Arbeit als Problemlöser nach. Sind keine Probleme da, sucht er sich eben welche oder erdenkt sie sich selbst. Je klüger er dabei wird, umso komplexeren Problemen kann er sich stellen. Der Ausweg aus einem Problem wird schnell zum Umweg ins nächste. Spätestens wenn man sich selbst zum Problem erklärt, legt der Denkapparat auch noch fleißig Nachtschichten ein, und die Gedanken drehen sich nur noch um sich selbst.

Zurück ins Gefühl

Denken ist natürlich notwendig! Aber Denken ganz ohne Fühlen gleicht einem langweiligen Balanceakt auf einem Bordstein – genauso wie das Fühlen ganz ohne Denken schnell zum halsbrecherischen Drahtseilakt ohne Balancestange wird. Fühlen, Denken … das hat schon beides seine Berechtigung, aber eben alles zu seiner Zeit und in Balance. Und ohne ein bisschen Wagnis und Risiko, ohne ein bisschen Überraschung und Spannung landet man am Ende eben doch nur im Kopfkino.

Weiß ich schon vorher, was auf mich zukommt, werden bestenfalls nur Erwartungen befriedigt, aber nicht zwangsläufig Bedürfnisse. Was als Erwartung im Kopf beginnt, erfüllt sich meist auch nur als Bestätigung im Kopf, aber erfüllt selten als Gefühl unser Herz. Ich nenne das gern das »Weihnachtsdilemma«: Fast drei Jahrzehnte lang war das Weihnachts*fest* für mich eher ein alljährlicher Weihnachts*test* der psychischen Belastbarkeit. Freude und Besinnlichkeit auf Kommando, pünktlich am 24. Dezember ab achtzehn Uhr, genauso wie früher bitte! Damals war Weihnachten tatsächlich toll, da waren Überraschungen noch wirklich Überraschungen!

Oder ein anderes Beispiel: Wie soll man bitte schön seinen überraschenden Seelenpartner in einer Singlebörse finden, wenn man vorher schon mit zweiundvierzig Parametern den Wunschpartner vorgefiltert hat? Dann bekommt man bestenfalls das, was zu unserem Kopf passt, aber selten jemanden für die Seele oder das Herz. In einem Schwarm von beziehungsunfähigen Kandidaten angelt man und wirft jeden Fisch gleich wieder ins Wasser, weil er nicht das ist, was man angeln wollte. Da will man so gern das Herz anderer berühren, aber dann kommen immer Haut, Haare und IQ dazwischen. Aber das Leben ist eine Ironiemaschine: Es spuckt uns für jede neue Begegnung genau den Menschen aus, der uns am besten den Spiegel vorhalten kann. Vielleicht erkennen wir uns am Ende doch selbst wieder darin – und sind überrascht!

> Wäre es schlimm, wenn das, was uns glücklich machen würde, nicht dem entspräche, was wir uns vorgestellt haben? Um Erfüllung zu finden, müssen wir wollen, was uns glücklich macht, und nicht das, was uns glücklich machen könnte oder glücklich machen sollte.

Loslaufen, achtsam sein und fühlen, was man fühlt, sind die ersten Schritte in die Leichtigkeit des Seins und zu neuen überraschenden Erkenntnissen und Erfahrungen. Nur im Erleben sammeln wir Erfahrung, nur das Überraschende überschreibt die Vorstellungen. Das kennen wir doch alle: Wenn man keine Lust hat, aufzuräumen, zu wandern oder die Steuererklärung fertig zu machen, wird es leicht und macht sogar Spaß, wenn man erst einmal damit angefangen hat. »Wer hätte das erwartet!« Und womöglich ist das auch der Schlüssel, der uns das Tor zur Freiheit und Zufriedenheit aufschließt. So trivial es klingt: Wie oft erlauben wir uns denn wirklich, das zu fühlen, was wir wirklich fühlen – das Ziel zu vergessen, sich dem Weg hinzugeben?

Ein Schlüssel zurück ins Gefühl ist Achtsamkeit: bemerken, wie oft das, was wir uns einreden, nicht das ist, was wir tatsächlich gerade empfinden. Ein anderer Schlüssel ist Ehrlichkeit. Ein Beispiel: Man trifft vielleicht einen wundervollen Menschen, mag ihn auch, aber irgendwie … irgendwie sollte man doch mehr fühlen, sich noch tiefer fallen lassen können – hinein in das, was richtige Liebe, Hingabe und Leidenschaft sein soll. Vielleicht beginnen wir dann, uns in dieses Gefühl, das wir doch sehnlichst erwarten und erhoffen, hineinzumanipulieren. Wir versuchen, den Kopf aus- und das Herz einzuschalten – und belügen uns selbst. Wir verwechseln das, was wir gern fühlen wollen, mit dem, was wir fühlen. Sprechen wir dann auch noch aus, was wir uns nur einreden, können wir durchaus Schaden anrichten! Wir enttäuschen das Vertrauen und verletzen die echten Gefühle anderer Menschen, weil wir mit unseren eigenen Gefühlen nicht in Kontakt sind. Mit Versprechungen, Inszenierungen und Lügen – die uns nicht einmal bewusst sein müssen – erzeugen wir Erwartungen, die wir doch gar nicht erfüllen können. Wie viel Ärger wäre der Welt wohl schon erspart geblieben, wenn Menschen anderen Menschen gesagt hätten, was sie wirklich fühlen. Ich glaube übrigens, die häufigsten Lügen auf dieser Welt sind »Ich liebe dich« – und »Ich liebe dich nicht«.

Die Liebe findet man ohnehin nicht, sie findet einen, wenn man bereit dafür ist und alle Vorstellungen und

Hoffnungen loslässt. Solange wir mit Scheuklappen durch die Welt rennen und jemanden suchen, der unseren Idealen entspricht, damit wir sein können, wie wir gern sein wollen, kann auch niemand zu uns finden, der tatsächlich an die Seite des Menschen passt, der wir wirklich sind. Doch die Wirklichkeit holt uns alle eben irgendwann ein. Wir entkommen uns selbst und unseren Gefühlen am Ende ja doch nicht – wir entkommen der überraschenden Wirklichkeit nicht, wenn alle Erwartungen enttäuscht werden. Spätestens am Ende des Lebens wird das der Fall sein, doch diese Überraschung kommt dann eindeutig zu spät, um sich daran noch erfreuen zu können.

Eine Welt aus Sand

Tibetische Mönche sitzen oft tage- oder sogar wochenlang in einem Kreis zusammen und streuen mit kleinen Messingtrichtern farbigen Sand auf den Boden. Sie gestalten damit im Akt absoluter Hingabe hochkomplexe und beeindruckende Mandalas – runde oder quadratische, oft symmetrische Schaubilder im religiösen oder magischen Kontext. Um die Vergänglichkeit aller Dinge zu versinnbildlichen, werden diese Kunstwerke dann mit großen Zeremonien gefeiert – also dankbar festgehalten – und dann allerdings wieder zerstört – und damit dankbar losgelassen. Und dann beginnen die Mönche von vorn, erschaffen noch größere, noch schönere Kunstwerke. Der Weg ist das Ziel.

Was würde wohl passieren, wenn drei Manager an so einem Mandala brüten würden? Hätten sie sich nach monatelanger Planungsphase auf ein Muster geeinigt und es nach wochenlanger Arbeit tatsächlich fertiggestellt, würden sie es wohl kaum feierlich loslassen und zerstören, nur um sich dann in einem noch schöneren Kunstwerk zu verwirklichen. Die Zielvereinbarungen wurden erreicht, doch was macht man jetzt damit? Sie ergötzen sich voller Stolz an der Schönheit des Erreichten, sonnen sich in Bewunderung und beschließen, das Kunstwerk zu erhalten. Da ein Bild aus Sand in Windeseile von Wind und Wetter zerstört ist, stellen sie konsequenterweise einen der Manager als Kurator und Verwalter ab, der fortan einzig für den Erhalt des Mandalas Sorge trägt. Um es vor dem erbarmungslosen Zahn der Zeit zu bewahren, baut er Mauern darum, überdacht es womöglich und kümmert sich um die Ausbesserung, wo es Schaden nimmt. Die beiden anderen Manager unterdessen fahren fort und kreieren ein zweites Mandala aus Sand, für das sie nun natürlich, nur noch zu zweit, viel länger benötigen als für das erste. Dennoch wird es noch schöner und noch größer als das erste, dessen Verwalter missgünstig davon Kenntnis nimmt. Die zwei Manager, die das zweite Mandala kreiert haben, beschließen, auch dieses zu erhalten, und einer der beiden widmet fortan seine ganzen Ressourcen ebenfalls der Verwaltung. Auch er baut eine Mauer darum, ein Dach darüber und bessert aus, was auszubessern ist. Der letzte Manager, der noch über freie, kreative Ressourcen verfügt, nimmt sich ein drittes Mandala vor. Er benötigt nun deutlich mehr als dreimal so viel Zeit für den schöpferischen Akt. Es ist furchtbar anstrengend, um alles muss er sich selbst kümmern. Und er schaut auch durchaus neidvoll auf die anderen beiden Manager, die relativ entspannt den ihnen anvertrauten Besitz verwalten und ihm ihrerseits missgünstige Blicke zuwerfen.

Die Frage bei allem, was wir planen, anstreben, uns wünschen, ist: Macht es uns wirklich glücklicher, oder lenkt es uns nur davon ab, uns einzugestehen, dass wir eigentlich unglücklich sind?

Bald sitzen drei Manager vor drei Mandalas, und jetzt beginnt das große Sand-Theater, das sie schon als kleine Jungs im Sandkasten gelernt haben: Sie stehlen sich gegenseitig den Sand, die Schäufelchen, die Trichterchen und die Förmchen. Seit Monaten haben sie nicht mehr ausgelassen gefeiert, sind griesgrämig, gelangweilt und vor allem: hungrig. Kaum einer traut sich noch aufzustehen, könnte ihn doch einer der anderen währenddessen bestehlen. Und trotz der Ausbesserungen verblassen die einst wundervollen Bilder und weichen den lieblosen

Restaurationsversuchen leidenschaftsloser Verwalter. Nach einigen Jahren sitzen sie nur noch vor großen Sandhaufen, die sie sich mit allerlei Marketingtricks schönreden. Und dennoch, schon aus Langeweile und aus Mangel an Abwechslung und Dialog, beginnen sie nun auch noch, sich darüber zu streiten, wer von ihnen wohl den schönsten Sandhaufen besitzt. Ich überlasse es eurer Fantasie, wie sich diese Geschichte zuspitzen könnte … In meiner Version aber kommt es, wie es kommen muss: An einem Donnerstagmorgen um neun Uhr fünf bläst ein schwerer Sturm die Sandhaufen, die Mauern und die Dächer in den Fluss. Aus Verbitterung springen alle drei hinterher und ertrinken.

Ich fürchte, so oder wenigstens so ähnlich funktioniert unsere Welt heute oft: Jeder Weg muss zu einem Ziel führen, nichts kann mehr dankbar festgehalten und wieder losgelassen werden. Albert Schweitzer schrieb:

Der moderne Mensch wird in einem
Tätigkeitstaumel gehalten, damit er nicht
zum Nachdenken über den Sinn seines Lebens
und der Welt kommt.

Wieder gilt: Wir erleben nur das Glück, das wir schon kennen, das Unbekannte macht uns schnell Angst. Und es macht anderen auch Angst, wenn du anders bist und dich anders verhältst. Also heißt es: Sei bloß nicht anders als die anderen. Zum Beweis entblöße dich, zeige, dass du nichts zu verstecken hast. Du darfst alles sein – nur nicht du selbst! Wir stecken in der »Hölle des Gleichen«, wie es der Philosoph Byung-Chul Han in nur drei Worten in seinem nach wie vor lesenswerten Buch *Die Transparenzgesellschaft*[7] beschreibt.

Damit wir das nicht hinterfragen, brauchen wir Ziele, auch wenn wir uns dabei nur im Kreis drehen. Und wenn wir nicht mehr können, dann machen wir Intensiv-Yoga, meditieren und kontemplieren uns unsere Kreisbahnen zum neuen Standardmodell der Geraden. Dabei verbiegen wir uns weiter, um irgendein anderes Ziel zu erreichen: einen flachen Bauch, einen niedrigen Blutdruck, mehr Gelassenheit, oder wir erklären die Ziellosigkeit zum Ziel und suchen die Erleuchtung.

Hingabe an den Augenblick

Ich habe eine kleine rote Mokkakanne, mit der ich mir auf altmodische Weise Kaffee aufbrühe. Natürlich könnte ich mir auch eine dieser modernen Kapselmaschinen kaufen, einen großen Knopf drücken und den Weg zum Ziel, zum Kaffee, so unaufregend wie möglich gestalten. Doch ich möchte die sinnliche Erfahrung des Kaffeebrühens nicht missen. Wir allein entscheiden, wie tief wir uns in den Augenblick hineinfallen lassen und uns hingeben wollen. Jeder Schritt eines Weges kann unendlich intensiver sein als das Ziel. Das Spüren des Kaffeelöffels in der Hand zum Beispiel, das Berühren der Haut eines anderen Menschen, das Knistern der Mülltüte, während man auf dem Weg zur Tonne ist. Das kann alles orgasmisch erfahren werden, wenn jeder nächste Schritt selbst das Ziel ist und wir uns hingeben.

In der Hingabe an den Augenblick warten die unermessliche Stille und grenzenlose Freiheit, die wir oft in der Zukunft suchen. Dies ist eine der Lektionen, die uns das Leben lehren will. Es ist alles nur hier und nur jetzt!

Das sinnliche Erleben habe ich wieder auf dem Ozean gelernt. Irgendwann war mir das Ziel egal, ebenso wie Rekorde, Zahlen, Fakten. Als ich zurückgekehrt war, wollte ich nur über die Wale reden, über meinen Vogel, über die Momente des Friedens, des Glücks und der Freiheit. Momente, in denen ich im Boot lag und einfach nur in den Himmel schaute. In denen ich darüber staunte, wie die Wolken begannen, Geschichten zu erzählen. Ich war einfach da und wollte nirgendwohin. Mehr nicht. Und doch war alles vollkommen. Momente, die es auch im Alltag gibt: wenn ich vor einer Rose sitze, stundenlang, und diese Schönheit einfach nicht in Worte zu fassen vermag. Und erst recht die Momente, in denen ich vor dem Spiegel stehe und endlich meinen Frieden mit mir gemacht habe – in denen ich mir selbst in die Augen schauen und das Gleiche empfinden kann wie vor vier Jahren auf dem Ozean, als der Wal und ich uns in die Augen schauten. Ein einziger Augen-Blick nur, in dem aber die gesamte Unfassbarkeit meines Lebens Platz fand. Es ist alles hier, jetzt! Die Buddhisten kennen dazu eine kleine Anekdote:

> *»Was machst du, um dich zu entspannen?«,*
> *fragt der Schüler seinen Meister.*
> *»Nichts«, erwiderte der Meister.*
> *»Wenn ich gehe, gehe ich,*
> *wenn ich esse, esse ich,*
> *und wenn ich schlafe, schlafe ich.«*
> *»Das tun doch alle«, meinte der Schüler darauf.*
> *»Eben nicht!«, antwortete der Meister.*

In der Hingabe an den Augenblick warten die unermessliche Stille und grenzenlose Freiheit, die wir oft in der Zukunft suchen. Dies ist eine der Lektionen, die uns das Leben lehren will.

Was ist uns unsere Lebenszeit eigentlich noch wert? Können wir es uns erlauben, Zeit damit zu vergeuden, indem wir uns von einem Ziel zum nächsten hangeln? Wie bewusst gehen wir mit unserer Zeit um? Schaufeln wir ein Ziel nach dem anderen einfach in unsere digitalen Terminplaner und lassen uns per Alarm daran erinnern? Haben wir überhaupt noch ein Gespür für die Minuten, Stunden, Tage und Wochen, die wir oft nur noch verwalten? Am Ende unseres Lebens beten wir vielleicht darum, noch einige Minuten mit etwas verbringen zu dürfen, was uns wirklich am Herzen liegt. Wie viel Zeit vergeuden wir für Ziele, die uns am Ende nur kurz ablenken und einen Unfrieden befriedigen, weil sie nicht unsere wirklichen Bedürfnisse erfüllen. Die folgenden Lebensgeschichten zweier Seefahrer sind wunderbare Beispiele dafür.

Ein schicksalhaftes Rennen

Der erfahrene Einhandsegler Bernard Moitessier überlegte lange, ob er 1968 am Golden-Globe-Segelrennen einmal um den ganzen Erdball teilnehmen sollte. Schließlich ließ er sich zu dem Abenteuer überreden und stach in Plymouth in England in See. Nach Monaten auf dem Meer überkamen ihn wieder Zweifel, er segelte aber dennoch weiter. Er umrundete die Erde, umschiffte das gefährliche Kap Hoorn, um in den Atlantik und damit nach Europa zurückzukehren. Es war nicht mehr weit bis zum Zielhafen, als ihn erneut Zweifel überfielen: Wollte er dieses Rennen wirklich beenden? Er wollte frei sein, befürchtete aber, im Falle eines Sieges in derartige Abhängigkeiten zu geraten, dass ihm genau diese Freiheit verloren ginge. Denn die gleichen Menschen, die ihn als Sieger feiern, mit Geld belohnen und ihm auf die Schulter klopfen würden, würden ihn doch keines

Blickes würdigen, wenn er dieses Ziel nicht erreichte. In seinen Aufzeichnungen schrieb er:

Ich kann die falschen Götter des Westens nicht mehr ertragen. Wie die Spinnen liegen sie stets auf der Lauer, um unsere Seelen zu zerfressen, unser Mark auszusaugen.

Er entschied sich, verzichtete auf Ruhm und Preisgeld und wählte die Freiheit. Drehte ab und segelte direkt weiter in die Südsee. Und gerade diese Entscheidung machte ihn als »Vagabunden der Meere« zu einer Legende. Ein stets von Selbstzweifeln getriebener Mann, der mit seinen Büchern Millionen Menschen bewegte. Sein Ziel war sein eigener Weg.

Was ist uns unsere Lebenszeit wert?
Können wir es uns erlauben, Zeit zu vergeuden,
indem wir uns von einem Ziel zum nächsten
hangeln? Haben wir überhaupt noch ein Gespür
für die Minuten, Stunden, Tage und Wochen,
die wir oft nur noch verwalten?

Ganz anders Donald Crowhurst, der im gleichen Rennen startete. Im Gegensatz zu Moitessier verfügte er über keinerlei nennenswerte Segelerfahrung, war aber derart von sich überzeugt, dass er keine Zweifel daran hatte, das

Ziel als Erster zu überqueren. Das Letzte, was man von ihm fand, waren Tagebücher voller Paranoia, Einsamkeit und Allmachtsvorstellungen. Er kehrte nie mehr zurück. Zerrissen zwischen der ernüchternden Realität auf dem Ozean und dem unbeirrbaren Ziel vor Augen zu siegen, ließ er sein Leben. Er war vorher kaum in der Lage gewesen, seine eigene Familie zu ernähren, aber hier wollte er es sich und den anderen beweisen und träumte von einer großen Karriere nach dem Rennen. Als ihm bewusst wurde, dass er es niemals über den Pazifik und um das gefährliche Kap Hoorn zurück in den Atlantik schaffen würde, entschloss er sich, einfach im Atlantik zu bleiben, falsche Positionsdaten zu senden, das Logbuch zu fälschen und abzuwarten, um dann wieder zurück nach Plymouth zu segeln.

Sein Boot leckte jedoch bald so sehr, dass es zu sinken drohte – und damit zerschlugen sich alle seine Pläne. Er geriet in Panik, nun doch aufzufliegen, nachdem er bereits Positionsdaten aus dem Pazifik gesendet hatte. Vor allem fürchtete er sich davor, dass sein gefälschtes Logbuch einer genauen Überprüfung durch Fachleute nicht standhalten würde – und die wäre zu erwarten, würde er auf dem Siegerpodest landen.

Sein Plan war nun, die anderen Segler passieren zu lassen, um dann auf einem der hinteren Plätze einzulaufen. Aber es kam, wie es kommen musste – und hier kreuzten sich die Lebenswege und Entscheidungen von Crowhurst und Moitessier noch einmal: Crowhurst mit seinem kaputten Boot hatte überhaupt keine Möglichkeit mehr, abzuwarten, um auf einem der hinteren Plätze einzulaufen: Es waren derweil so viele Konkurrenten durch Krankheiten und Materialschäden ausgefallen, dass ihn eigentlich nur noch zwei Schiffe »überholen« konnten. Aber das erste lag noch viel zu weit zurück, und im anderen davon saß ausgerechnet Moitessier – der das Rennen abbrach, abdrehte und nach Tahiti segelte. Crowhursts einst ehrgeizigstes Ziel drohte sich nun zu erfüllen, der verfluchte Sieg schien plötzlich unausweichlich. Was für eine Verkettung von Schicksalen! Beide »scheitern« am selben Ziel: der eine, weil er nicht mehr daran festhalten will, und der andere, weil er es nicht loslassen konnte.

Der Sieg für den Betrüger Crowhurst war nun plötzlich unausweichlich. Man plante bereits den großen Empfang in England und wollte ihm sogar Hubschrauber entgegenschicken. Am 243. Tag seiner Reise, am 1. Juli 1969, in völliger geistiger Umnachtung, um genau zwölf Uhr mittags beendete er seine Aufzeichnungen und stürzte sich ins Meer.

Loslassen bedeutet Freiheit

Mir laufen immer wieder Schauer über den Rücken, wenn ich diese Geschichten erzähle. Und ich weiß gar nicht, mit wem von den beiden ich mich enger verbunden fühle. Ich habe manchmal das Gefühl, als würden beide Herzen in meiner Brust schlagen. Ich kann mich so schrecklich gut mit Moitessier identifizieren, aber eben auch, und wenn nicht sogar noch ein kleines bisschen mehr, mit Crowhurst. Und auch wenn seine Geschichte die unglücklichere ist, finde ich sie doch, um ganz ehrlich zu sein, die noch faszinierendere und fesselndere. Und vielleicht ist es ja so: In der Verzweiflung, in die wir uns selbst manchmal hineinbringen, wird das Leben erst zum Abenteuer und fügt sich zu den wirklich großen Geschichten.

Crowhursts letzte Tagebucheinträge drehen sich vor allem um Gott und um sich selbst. Und an dieser Stelle mahnt mich die Geschichte immer, denn er hätte sich an diesem Punkt seiner Verzweiflung auch für die Freiheit aus dem Kopfgefängnis entscheiden können – jetzt, wo er nichts mehr zu verlieren hatte –, anstatt im Freitod seinem Leben ein Ende zu bereiten. Man muss sich das vergegenwärtigen: Er bringt sich eher um, als dass er seine Erwartungen und Ängste loslassen kann. Die ultimative Kränkung des Egos, die Enttäuschung aller begrenzten Hoffnungen. Und wo das Ego in Entsetzen und Hilflosigkeit zu scheitern droht, erhebt es sich ein letztes Mal mit aller Macht, um wenigstens dem eigenen Leben ein kontrolliertes Ende zu bereiten. Crowhurst hätte einfach an Land gehen können, und alles, was ihn erwartet hätte, wäre die Nichterfüllung seiner Erwartungen gewesen, die eigenen Gedanken also, die ihn empfangen hätten. Also einfach Zeit für neue! Welche Rolle hätte es denn schon gespielt, ob seine Karriere gescheitert wäre, ob man ihn ausgelacht oder verurteilt hätte? Die Angst vor den anderen und ihren Meinungen und Erwartungen ist nur die Ausrede für die eigene Enttäuschung.

> **Was lässt den einen an Krisen wachsen und den anderen scheitern? Es ist das tiefe Vertrauen - in uns selbst, in das Leben, in das Schicksal. Wenn alle vermeintlichen Sicherheiten wegbrechen, was bliebe sonst noch übrig?**

Letztlich stellt sich mir überhaupt die brennende Frage, warum einige Menschen in der totalen Verzweiflung und in Lebenskrisen zu sich selbst finden und andere sich aufgeben und umbringen. Welche Eigenschaft lässt die einen an Krisen wachsen und die anderen scheitern? Ich glaube, dass es ein tiefes Vertrauen ist – in uns selbst, in Gott, in das Schicksal.

Wenn man gegen die Wand fährt, wirklich nicht mehr weiterweiß, dann scheitern alte Denkmuster und Überzeugungen eben komplett, und gerade darin liegt doch die Chance der Krise: Man muss über Bord werfen, was sich nicht bewährt hat, was aber sonst so schwer loszulassen wäre. Und darin eröffnen sich doch überhaupt erst neue Wege und ein neues Denken – nur darin ist Veränderung möglich!

Woher haben wir nur diese Angst vor Krisen und vor dem Scheitern, wenn das Leben gar nicht akut bedroht ist, sondern nur bedrohliche Gedanken im Kopf kreisen? Genau die gehören doch endlich über Bord!

Vielleicht ist es ja so: Wer den Ausgang in ein anderes Leben sucht, muss auch durch die Tore der Enttäuschung und Verzweiflung gehen. Ein Satz, der mich schon eine Weile begleitet, lautet: »Die Erleuchtung ist die totale Enttäuschung des Egos«, und er stammt von Chögyam Trungpa, einem buddhistischen Meditationsmeister. Ich denke, die Vorstellungen über die Erleuchtung in den fernöstlichen Philosophien gleichen denen über die Erlösung im Abendland. Ob Buddha oder Jesus, ob sechs Jahre Askese auf der einen oder vierzig Tage Wüste auf der anderen Seite – es endete in beiden Fällen in der völligen Enttäuschung des Egos mit all seinen Begierden, Machtvorstellungen und Ängsten. Buddha gegen Mara – Jesus gegen den Teufel. Am Ende fielen sie hinein ins Nirwana und in den Himmel – in Gott, den Urgrund aller Dinge. In die Stille, das Unvorstellbare, die Wirklichkeit. Ich habe in den letzten beiden Jahren auch hier in Deutschland so viele Menschen getroffen, die mir davon berichteten, wie sie erst in völliger Verzweiflung Erlösung fanden. Und einige erzählten mir, dass sie »Gott« gefunden hätten, dass der, der vorher nie antwortete, nie half, mit einem Mal plötzlich da war. Im Loslassen aller Ziele und Hoffnungen, gerade in tiefen Krisen, kann man also ankommen! Irgendwo, wo es besser ist.

Das Golden-Globe-Rennen gewann übrigens Robin Knox-Johnston, um seinen Namen der Vollständigkeit halber zu nennen. Den musste ich googeln, obwohl er als Einziger von den dreien das Ziel erreichte.

Weniger ist das neue Mehr

Der Atlantik hat mir tatsächlich dabei geholfen, wieder ins Vertrauen und in die Hingabe zu finden. Wenn ich verzweifelt war, Erwartungen losließ und den Glauben an Sicherheiten aufgab, fügte sich alles in unvorstellbarer Weise. Da draußen auf dem Meer kam immer alles anders, als ich erwartet hatte, und war am Ende trotzdem gut. In den Jahren danach vertiefte sich dieses Vertrauen. Ich stürze heute nicht mehr mit großen Zielen vor Augen durchs Leben, ich gehe wie mein Freund Jens einfach einen Schritt nach dem anderen – sehe mich um, atme ein, atme aus, tauche ein, tauche auf. Und die Ziele finden zu mir. Wie Moitessier folge ich häufig einfach dem Wind. Aber auch mit dem kleinen Crowhurst in mir habe ich meinen Frieden gemacht. Auch Verzweiflung und Angst gehören hin und wieder zu meinem Leben, natürlich. Aber ich verzweifle nicht mehr an der Verzweiflung, habe keine Angst mehr vor der Angst. Ich habe begriffen, dass hinter jedem tiefen Wellental ein höherer Wellenberg wartet. Heute surfe auf den Wellen. Und damit bin ich zufrieden.

*Auch Dinge nicht erreichen zu können
und zu scheitern ist ein Privileg des Lebens!
Wer nicht auch scheitern kann, wird nirgendwo
erfüllt ankommen. Die Kunst des Lebens
ist die Kunst, elegant zu scheitern.*

Ich stehe inzwischen auf einem stabilen Sockel des Vertrauens; die Wellenberge der Erfüllung und die Wellentäler der Enttäuschung rollen über mich hinweg und werfen mich nicht mehr so schnell um. Ich kann beides viel besser geschehen lassen, jage nicht mehr die ewig währende Erfüllung und flüchte nicht vor der Enttäuschung. Ich habe begriffen, dass das eine nicht ohne das andere sein kann. Dass Freiheit und Zufriedenheit erwachsen, wo man beides zulassen und erfahren kann, ohne dabei aus dem Gleichgewicht zu geraten; wo man sich dem Wellenspiel hingeben kann, ohne sich vor dem Ertrinken zu fürchten; und wo man erkennt, dass man nicht immer zufrieden und frei sein kann. Auch Dinge nicht erreichen zu können und zu scheitern ist ein Privileg des Lebens! Wer nicht auch scheitern kann, wird nirgendwo erfüllt ankommen. Die Kunst des Lebens ist die Kunst, elegant zu scheitern.

Ich gehe meinen Lebensweg heute viel achtsamer und wähle meine Ziele bewusster. Weniger ist dabei mein neues Mehr. Und das bedeutet auch, seltener enttäuscht zu sein. Heute entschleunige ich, nehme mir wieder

Zeit, das Spektakuläre in ganz unspektakulären Dingen zu entdecken: So schreibe ich zum Beispiel Liebesbriefe wieder mit Tinte; koche meine Tomatensoße mit nur drei Zutaten und drei Gewürzen, dafür aber vierundzwanzig Stunden lang; meine Bücher finde ich wieder in Buchläden und nicht nur im Briefkasten. Ganz langweilige Sachen eigentlich, die plötzlich aber gar nicht mehr langweilig sind. Der Weg wird zum Ziel. Statt zu erwarten und zu planen, entdecke ich immer mehr die Tiefe des Augenblicks. Und wenn mir dann doch einmal die Tomatensoße anbrennt, geht auch nicht gleich meine ganze Welt unter.

ACHTES KAPITEL

Hinter dem Horizont

» Was kümmern den Ozean die Wellen. «

DU KOCHST DIR einen Kaffee, setzt dich raus unter den Kirschbaum, hüllst dich in eine warme Wolldecke und nimmst einfach nur wahr, wie das scheue Morgenlicht sanft die Welt erweckt, mit all ihren Amseln und Finken ... und Menschen. Du begreifst, dass du jetzt hier bist. Und dass das alles ist, was es in diesem Augenblick zu begreifen gibt. Du lässt dich und die Welt in Ruhe mit deinen vielen Gedanken, Hoffnungen und Wünschen. Und plötzlich ist alles gut – und endlich ist Frieden! Dann ist es eben, wie es ist, und du bist einfach, wie du bist. Willkommen im Augenblick – willkommen in der Wirklichkeit!

Der Weg zurück zu uns selbst ist der Weg zurück in die Wirklichkeit, ins Sein und in den Augenblick. Und genau darum möchte ich an dieser Stelle noch einmal die

»Wirklichkeit« genauer betrachten, aus anderen Perspektiven. Weil sie eigentlich nicht zu beschreiben ist, möchte ich schildern, warum wir sie wieder erfahren sollten, statt dass wir uns nur darum bemühen, sie zu verstehen, zu beurteilen und in Wahrheiten und Meinungen abzubilden.

Nichts fürchten wir mehr als die Wahrheit, heißt es oft. Doch vor welcher Wahrheit fürchten wir uns eigentlich? Vor unserer eigenen? Vor der Wahrheit der anderen? Oder vor der absoluten Wahrheit, der Wirklichkeit? Wer Angst hat, wer nicht mehr sehen will als das, was er sich selbst einredet oder von anderen einreden lässt, wer glaubt, nur ein Zufallsprodukt der Schöpfung zu sein, das Idealen und Normen entsprechen muss, um zu gefallen und eine Daseinsberechtigung zu haben, der läuft Gefahr, sich sein Leben kleinzudenken und es damit zu vergeuden.

Die Sonne ging schon mit so vielen Wahrheiten unter – und stieg über ganz neuen Wahrheiten am nächsten Morgen wieder auf. Dieser Planet, die Natur, die Welt, sie sind nicht auf uns und unsere Wahrheiten angewiesen. Die Bäume wachsen ohne unser Zutun, auch wenn sie niemand als »Baum« benennt. Diese Wirklichkeit, die auch ohne kluge Gedanken einfach *ist*, kann einen Menschen beunruhigen, der allzu lange schon in der Parallelwelt des Kopfes lebt, wo alles einen Namen, einen Grund und einen Sinn haben muss. Gelegentlich wäre eine Sendepause im Hirn ganz dienlich!

»Alle Eigenschaften, die der Verstand wahrnimmt, sind nichts als Ausgeburten seiner selbst«, sagte Alfred North Whitehead, der bekannte britische Philosoph und Mathematiker. Und Friedrich Nietzsche merkte dazu im selben Sinne an: »Es gibt keine Fakten, nur Interpretationen.«

> Wir sind nicht das, was wir in Gedanken aus uns machen. Wir sind wie ein Bogen weißes Briefpapier, auf dem wir uns in Buchstaben aus Tinte beschreiben. Aber wir sind weder diese Buchstaben noch die Worte, die sich aus ihnen fügen.

Es mag schockieren, dass unsere Meinungen, die wir für Fakten und Wahrheiten halten, nur Meinungen sind und nicht mehr. Aber diese Erkenntnis ist auch eine Erlösung. Alles, wovor wir Angst haben, ist dann nämlich auch nur eine Meinung, die wir loslassen können. Sind wir still im Kopf, ist nichts mehr davon da. Und welche Freiheit daraus erwächst, dass das Nachdenken so zum künstlerischen Akt werden kann, da es ja nicht mehr um fundamentale Wahrheiten, sondern nur noch um Interpretationen geht! Wir können dann so denken, wie wir Bilder malen: schöne oder grausame Bilder – wir haben die Wahl. Wir könnten in diese Gedanken wie in einen Kinofilm eintauchen und nach einer Weile einfach aufstehen und das Kino verlassen. Rein, raus – einatmen, ausatmen. Denken und erleben – verstehen und fühlen.

Wir selbst sind »unbeschreibliche Denker«, doch wir sind nicht das, was wir in Gedanken aus uns machen. Wir sind wie ein Bogen weißes Briefpapier, auf dem wir uns in Buchstaben aus Tinte beschreiben. Aber wir sind weder diese Buchstaben noch die Worte, die sich aus ihnen fügen.

Da mag »Ich« auf dem Papier stehen und »Janice« und »38 Jahre alt«, da mag in Worten und Zahlen all das beschrieben werden, was ich sein und nicht sein möchte – aber das ist nur meine Meinung, nicht meine wahre Natur. Wir passen nicht in ein paar Tausend Worte und Kategorien aus Begriffen. Unsere Namen, Wahrheiten und unseren Glauben gibt man uns nach der Geburt, oft ohne dass wir überhaupt gefragt werden. Wenn wir beginnen, unser eigenes Leben bewusst zu leben, entscheiden wir darüber, ob wir diese Ideale für den Rest unseres Lebens verfechten wollen – oder ob wir uns aufmachen und eigene Meinungen bilden wollen.

Ein Weltbild und Standpunkte sind bis zu einem gewissen Grad notwendig für ein funktionierendes Miteinander in Gemeinschaften, doch sollten Urteile nicht unsere neue Wirklichkeit werden, für die wir am Ende sogar noch in Kriege ziehen würden, um sie zu verteidigen. Ich bin nicht Janice, ich habe nur den Namen »Janice«. Das ist ein Unterschied. Ich bin nicht zu dick, zu blöd oder zu faul, sondern erfülle bestenfalls nicht die Erwartungen darüber, was dünn, schlau oder fleißig sein sollte. Muscheln am Strand werden sich auch nicht darüber streiten, welche von ihnen zu dick oder zu dünn ist. Wolken am Himmel werden sich kaum Gedanken darum machen, welche am faulsten ist. So etwas tun nur Menschen. So etwas tut nur der Verstand, und er tut es, weil er nichts anderes tun kann als beurteilen, vergleichen und kategorisieren.

Ich bin so viel mehr als der Inhalt meines Verstandes, und wir alle sind so viel mehr als die Summe aller Gedanken, Urteile, Kategorien und Eigenschaften, die alle Menschen und Maschinen jemals erdacht haben und jemals erdenken werden. Es ist gut, dass wir unsere Vorstellungen haben, aber es ist wichtig zu wissen, dass Denken und Wirklichkeit zwei verschiedene Welten sind. Dann können wir uns frei in ihnen bewegen und laufen nicht mehr Gefahr, uns in der Welt der Gedanken zu verlieren, die allem seinen Zauber und seine Lebendigkeit nimmt. Die wirkliche Welt existiert einfach, die Welt im Kopf ist nur eine Meinung darüber. Und das Denken fügt sich ausschließlich aus Erinnerungen zusammen, es läuft dem Augenblick und der Wirklichkeit immer hinterher. Diese kann nur im Hier und Jetzt erfahren werden.

Veränderung bedeutet Lebendigkeit!

Wenn es überhaupt eine Konstante auf dieser Welt gibt, dann die, dass sich alles immer verändert. Alles befindet sich im Fluss beständiger Transformation, auch wir selbst. Unser Körper verändert sich auf molekularer Ebene in jedem Moment, ebenso jeder Baum und jedes Haus, nur eben in zu kleinem Maßstab für unsere Wahrnehmung. Alles ist in Bewegung und damit »lebendig« und in jedem Moment »neu« – die Schöpfung setzt sich in uns und in allem ununterbrochen fort. Das Einzige, was nach Permanenz schreit, sind unsere Gedanken, in denen wir alles festnageln wollen. Und dafür zahlen wir einen hohen Preis: die Trauer über die Vergänglichkeit. Alles muss einen Anfang und ein Ende haben, einen Grund und einen Sinn.

In diesem Moment beispielsweise ist nur eines wirklich sicher: dass du jetzt gerade diesen Satz liest! Alles verändert sich im Leben, außer dem Erleben, dass im Augenblick immer alles so ist, wie es eben ist. Alles andere ist unsere Meinung dazu. Und so können wir uns darüber streiten und die Köpfe einschlagen, ob der Erdboden, auf dem wir sitzen, nun aus Dreck, Materie, aus Quanten oder doch aus »Gottesteilchen« besteht, wir können uns auch gern auf jede beliebige Wahrheit einigen – die Wirklichkeit aber ist, dass der Erdboden sich nicht die Bohne um unsere Wahrheit kümmert, wenn wir mit dieser Wahrheit am Ende darin begraben werden. Das, was wirklich ist, ist glücklicherweise noch nie das gewesen, was wir daraus machen wollten; das Himmelsgewölbe wäre längst vom Rücken des Atlas gefallen und hätte uns erschlagen. Die Welt kümmert sich Gott sei Dank wenig um unsere Wahrheiten, das hat sie vor 20 000 Jahren nicht getan, und das wird sie auch in Zukunft nicht tun.

> Wenn es überhaupt eine Konstante auf dieser Welt gibt, dann die, dass sich alles immer verändert. Alles befindet sich im Fluss beständiger Transformation, auch wir selbst. Die Schöpfung setzt sich in uns und allem anderen ununterbrochen fort.

Auch Gott, Brahman oder Allah existieren genau genommen nur in uns, denn wir allein denken in Buchstaben, Namen oder Eigenschaften. Wir können mit dem Verstand die Quelle nicht ergründen, denn wir entspringen ihr – wir *sind* sozusagen die Quelle. Wir kamen nicht auf die Welt, wir kamen aus ihr heraus. Die Wirklichkeit ist kein Kind unserer Gedanken, unsere Gedanken und unsere Wahrheiten sind Kinder der Wirklichkeit.

»Nichts ist kompliziert, bis wir versuchen, es zu verstehen!« Der Kopf ist ein Problemlöser, der uns von A nach B bringen soll. Tolles Ding! Er kann auch recht kreativ sein und konstruktive, schöne Dinge erdenken. Das

Dilemma beginnt erst, wenn Gedanken damit beginnen, ihre eigenen Vorstellungen für die Realität zu halten. Es entsteht jene Parallelwelt, die ich hier nicht müde werde zu schildern. Und wir können wundervolle Probleme kreieren, um unseren Problemlöser *Kopf* zu beschäftigen; wenn ein Problem gelöst ist, kommt garantiert eines, das noch komplexer ist. Bis wir im schlimmsten Fall darin ausbrennen, Probleme zu lösen, die wir uns selbst erst so groß gedacht haben.

Woran erkennt man, dass man den Kontakt zu sich selbst und der Wirklichkeit verloren hat? Dafür gibt es viele Hinweise: Man fühlt und erlebt immer weniger, Kleines wird zum Großen inszeniert. Man kann nicht mehr aufhören, Gedanken zu denken, die man nicht denken will, und kann sich nicht entscheiden zwischen all den Möglichkeiten, die sich bieten. Man sucht Abwechslung und Unterhaltung und stumpft angesichts der Reizüberflutung immer mehr ab. Man redet mit anderen nur noch, um sich mitzuteilen, kann aber nicht mehr zuhören. Und deshalb erfährt man auch wenig Neues und denkt nur noch über das Gleiche nach – die Variation besteht darin, es sich jeden Tag aus einem anderen Blickwinkel anzuschauen.

Der beste Test ist, sich vor den Spiegel zu stellen, sich tief in die Augen zu schauen und sich zu fragen:

Wer bin ich?

Und wenn dann kein Fühlen, Schweigen und Staunen folgt, sondern wieder nur Gedanken – urteilend und wertend –, ist es Zeit für einen neuen Aufbruch …

Jedem Ende wohnt ein Zauber inne

Es braucht mehr als kluge Gedanken, nämlich Weisheit, um die Vollkommenheit in allem zu erkennen. »Die Weisheit wartet überall auf einen, man muss nur lernen zuzuhören«, sagte mir einmal jemand – und dass alles Liebe sei! Alle Weisheit und Liebe finden sich womöglich dann auch im Regen, und vielleicht sollte man einfach schweigen, zuhören und sich einmal so richtig durchnässen lassen. Weisheit bedeutet einfach reines Sein.

Hinter dem Horizont,
der mir vorauseilt
und den ich nie erreiche,
ging heute am Morgen
die Sonne auf
und schien mir ins Gesicht.

Wir müssen gar nichts tun, um zurück in die Wirklichkeit zu finden. Die Weisheit findet den Narren auf den Gipfeln der Berge, während er einfach nur in den Sonnenaufgang schaut, wie es die Beatles einst besangen. Erkennt man das, kehrt das Urvertrauen zu uns zurück, und wir lächeln über all die Versuche, uns selbst zu finden und mehr Glück, Stille, Frieden … Nichts kann uns zufriedener machen, als wir jetzt sind. »Der Mensch ist nur unglücklich, weil er nicht weiß, dass er glücklich ist«, um Dostojewski noch einmal zu Wort kommen zu lassen. Aber bis man das ganz verinnerlichen kann, ist es sicher ein weiter Weg. Ich finde aber, es reicht schon, wenn uns hin und wieder diese Einsicht lächeln und still werden lässt.

> Wir sind der Schöpfung entsprungen
> wie eine Welle dem Ozean. Wir sind,
> was wir suchen, und zum Schluss
> sind wir selbst wieder ganz Ozean.
> Was kümmern den Ozean die Wellen.

Wir sind der Schöpfung entsprungen wie eine Welle dem Ozean. Wir sind, was wir suchen, und zum Schluss sind wir selbst wieder ganz Ozean. Was kümmern den Ozean die Wellen. Wir haben hier nichts zu verlieren; alles vergeht, auch unsere Sorgen, Erwartungen und Wahrheiten. Wir haben viel zu gewinnen, nämlich sinnliche Erfahrungen, die nur dem Menschen vorbehalten sind. Nichts macht Sinn, wenn es nicht sinnlich erfahren wird.

Das ist das zweite Leben. Es ist der Frieden mit dem Leben, das wir die ganze Zeit schon hatten und das wir morgen vielleicht noch haben. Es ist der Frieden mit der

Tatsache, dass wir alles erfahren und erleben »dürfen«, wie es ist. Lieber jetzt als nie, denn das Nie kommt früher, als man denkt. Alles vergeht, damit etwas Neues entstehen kann. Und am Ende kommt immer alles ganz anders. Und darin wohnt auch jedem Ende ein Zauber inne.

Das zweite Leben ist die Freude darüber, sein zu dürfen, wie wir sind und wie wir uns fühlen. Und natürlich ist es auch die Freude daran, seinen freien Willen gebrauchen zu können, um sich zu verwirklichen – nicht weil man muss, sondern weil man darf und weil man kann. Es ist die Freude über das Jetzt und seine Möglichkeiten. Lass dir von niemandem erzählen, wer du bist und was du tun kannst! Lebe nicht das Leben der anderen, sondern dein eigenes Leben. Du hast nur eines. Und was für eines!

Habe den Mut, dich deiner Freiheit
zu bedienen!
Freu dich nicht zu spät!

Dank

… an meine Familie und an meine Freunde, die meinen Weg nie infrage gestellt haben. Ich liebe euch! Besonderer Dank gilt dabei auch meinem Verleger Christian Strasser für sein grenzenloses Vertrauen. Und damit möchte ich mich auch bei der kompletten Besatzung des EUROPA Verlags und des SCORPIO Verlags für die tolle und herzliche Zusammenarbeit bedanken. Meiner wundervollen Lektorin Andrea Löhndorf danke ich zutiefst für ihre unendliche Geduld und Klarheit – diese Zusammenarbeit war ein ganz großes Geschenk!

Aus tiefstem Herzen bedanke ich mich auch bei Alan Wilson Watts und Sri Nisargadatta Maharaj und möchte an beide erinnern:

Das Geheimnis des Lebens ist kein Problem,
das gelöst werden kann, sondern eine Realität,
die erfahren werden muss.
– Alan W. Watts

Die Liebe sagt: Ich bin alles. Die Weisheit sagt:
Ich bin nichts. Zwischen diesen beiden fließt
mein Leben.
– Nisargadatta Maharaj

Und an dieser Stelle natürlich noch ein abschließendes Dankeschön an euch, liebe Leserinnen und Leser, die ihr das Buch bis hierhin gelesen habt. Kommt gut durch die Nacht!

Anmerkungen

1   Video über Google: »Wer ist wirklich krank – Erich Fromm«.

2   Internationale statistische Klassifikation der Krankheiten und verwandter Gesundheitsprobleme, ICD-10.

3   »Wem Rauchmelder in Wohnungen wirklich nützen«, in: *DIE WELT,* 22.12.2012.

4   »Rauchmelderpflicht: Lobbyisten sichern sich lukrative Profitquelle für ihre Klientel«, in: *NACHDENKSEITEN,* 14.5.2013.

5   »Leben, nicht damit spielen«, in: *SWR2 Tandem,* 31. Oktober 2014.

6   John Krakauer: *In die Wildnis.* München 1998.

7   Byung-Chul Han: *Die Transparenzgesellschaft.* Berlin 2012.

MUT

HINGABE

BE

LOSLASSEN

DANKBARKEIT   VERGEBUNG O

ZUFRIEDENHEIT O

EN   ● FREIHEIT

O ERFÜLLUNG

EHRLICHKEIT O

VERTRAUEN

© Markus Weber | Guter Punkt, München

Über die Autorin

© privat

Janice Jakait, geboren 1977, aufgewachsen in Lengefeld im Erzgebirge, gab ihre Arbeit als IT-Beraterin für das Abenteuer »Leben!« auf. Als erste Deutsche überquerte sie 2011/2012 allein und ohne Beiboot in einem Ruderboot den Atlantik. Über ihre Erfahrungen auf dem Meer schrieb sie den Bestseller Tosende Stille. Heute lebt Janice Jakait als Autorin in Heidelberg und steht mit ihren Vorträgen in Deutschland, Österreich und der Schweiz auf der Bühne.

Mehr über die Autorin erfahren Sie unter www.jakait.com.